Jürgen Engel

MIT DEM WOHNMOBIL AN DIE FRANZÖSISCHE ATLANTIKKÜSTE

Teil 2: Der Süden

Die Anleitung für einen Erlebnisurlaub

Mit einem Dank an Margit, Eva, Kathrin und Manfred – die alle wissen wofür.

DER WOHNMOBIL-VERLAG
D-98634 Mittelsdorf/Rhön

Die Deutsche Bibliothek – CIP-Einheitsaufnahme

Engel, Jürgen:
Mit dem Wohnmobil an die französische Atlantikküste : die Anleitung für einen Erlebnisurlaub ; Tipps, Tricks, Touren, tolle Strände / Jürgen Engel. - 1. Aufl. - Mittelsdorf/Rhön : WOMO - der Wohnmobil-Verlag. Teil 2: Der Süden. - 2000.
(WOMO-Reihe ; Bd. 27)
ISBN 3-928840-27-4

Titelbild: Blick von der riesigen Dune du Pilat

1. Auflage 2000

Druck:
Georg Kohl GmbH, 74334 Brackenheim

Vertrieb:
GeoCenter ILH, 70565 Stuttgart

Herausgeber:
WOMO-Verlag, D-98634 Mittelsdorf/Rhön
Fon: 0049(0)36946-20691
Fax: 0049(0)36946-20692
eMail: verlag@womo.de
Internet: www.womo.de

ISBN 3-928840-27-4

EINLADUNG

Alle guten Dinge sind zwei – zumindest, was unsere Titel über die Französische Atlantikküste anbetrifft!

Vor allem die Badefreunde mit Kindern werden ihre Freude haben an den ausgedehnten Sandstränden am Atlantik zwischen der Gironde-Mündung und der spanischen Grenze, aber auch die Seen in Küstennähe und im Landesinneren laden zum Süßwasserbadespaß ein.

Wanderungen und kleine Spaziergänge führen durch Dünenlandschaften und endlose Pinienwälder; beim Bummel erleben Sie die lebendigen baskischen Dörfer in den Pyrenäen und die mittelalterlichen Städte an der Dordogne.

Per Dampflok geht's zum Museumsdorf Marquèze, in Clairac bestaunen Sie die "automatischen Mönche" bevor Sie in die Unterwelt abenteuerlicher Höhlen eintauchen; steinzeitliche Entdeckungen machen Sie im Tal der Vézère.

Wie wär's mit einer Weinprobe in einem der berühmten Weingüter des Médoc?

Oder möchten Sie lieber im quirligen Bordeaux durch die Einkaufsstraßen flanieren, bevor Jürgen Engel Sie wieder zu einem seiner vielen schönen freien Übernachtungsplätze führt?

Einen erlebnisreichen Urlaub im Südwesten Frankreichs wünscht Ihnen

Ihre

Waltraud Roth-Schulz

INHALT

Zeichenerklärung für die Tourenkarten

Tourenverlauf/abseits der Tour	Versorgung
Autobahn	Entsorgung
4-spurig	Ver-/Entsorgung
Hauptstraße	Übernachtung offiziell
Nebenstraße	Übernachtung "grau"
Höhle	Berggipfel
Schloss	Kirche

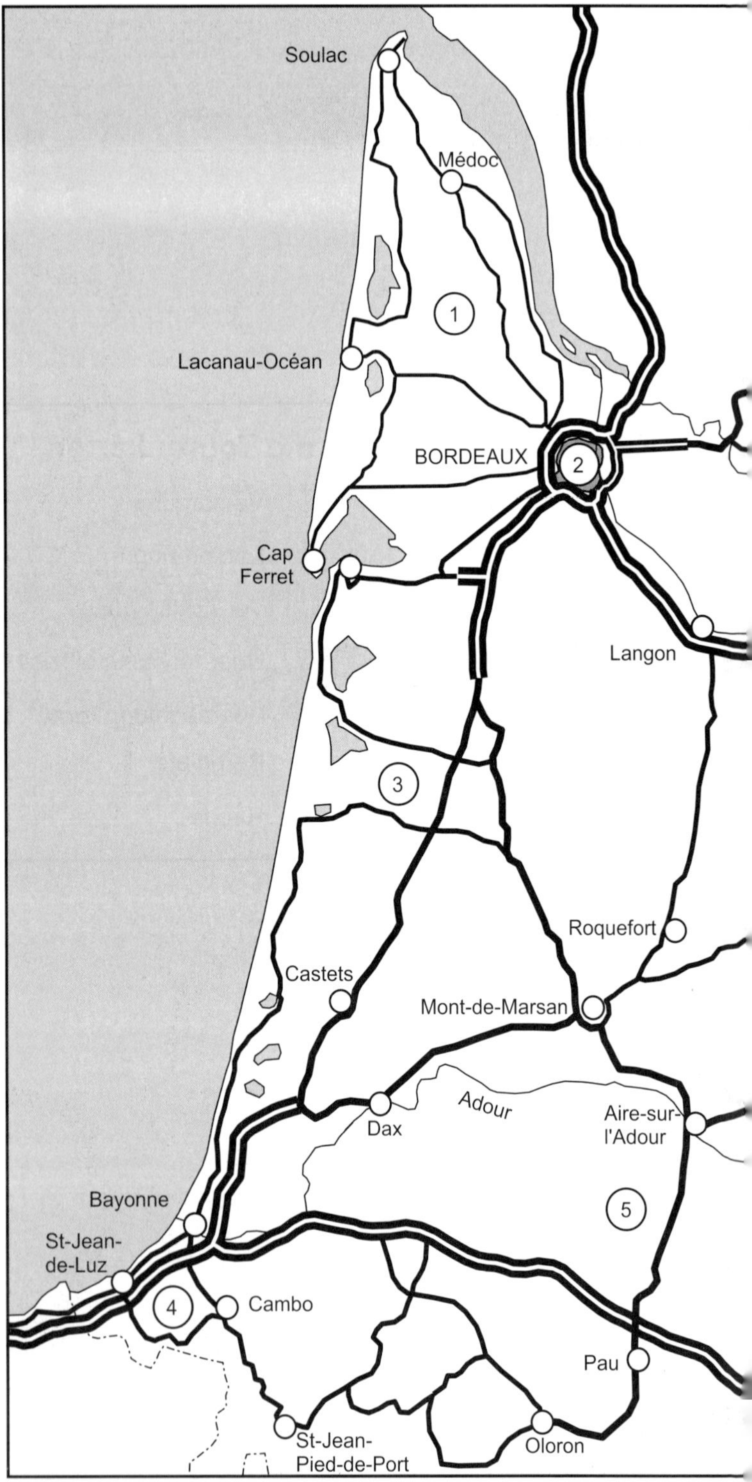
Soulac
Médoc
1
Lacanau-Océan
BORDEAUX
2
Cap
Ferret
Langon
3
Roquefort
Castets
Mont-de-Marsan
Adour
Dax
Aire-sur-
l'Adour
5
Bayonne
St-Jean-
de-Luz
4
Cambo
Pau
St-Jean-
Pied-de-Port
Oloron

TOURENÜBERSICHT

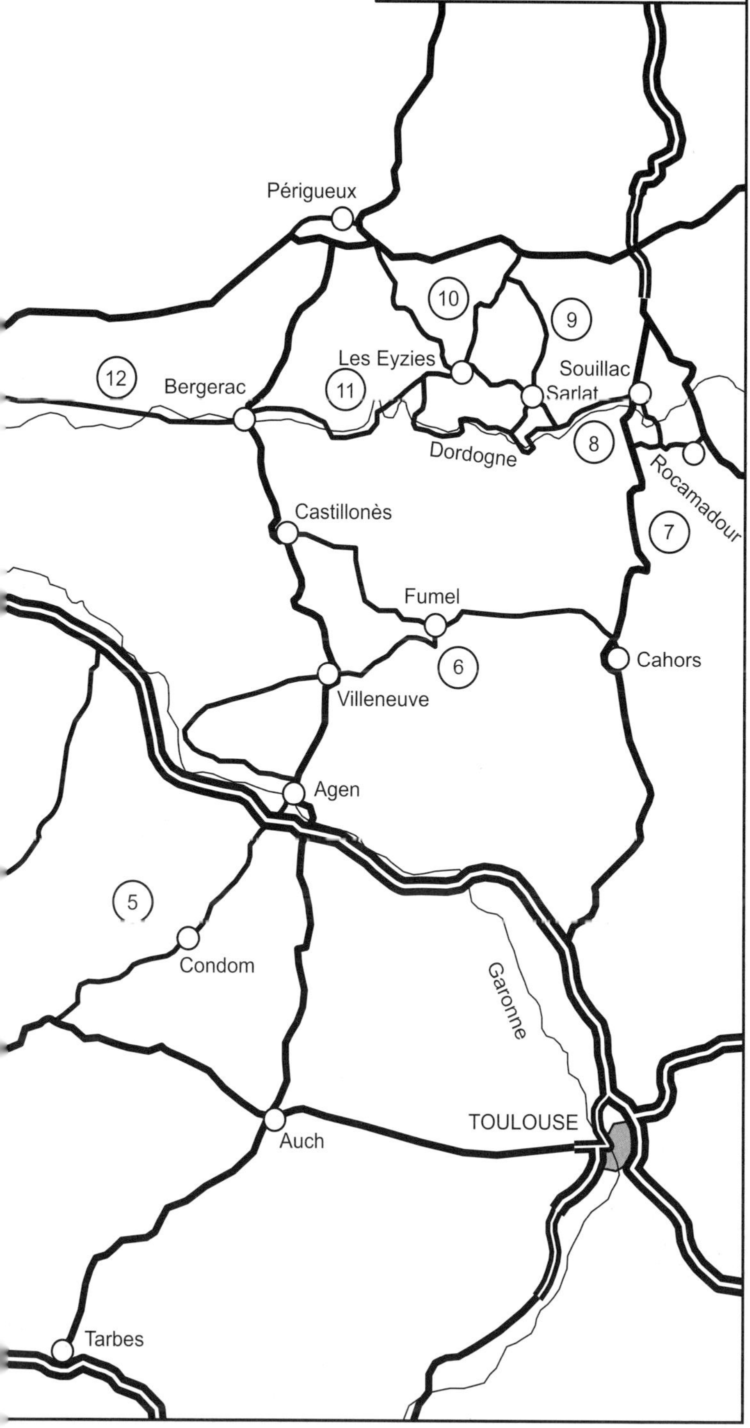

Anleitung für den Erlebnisurlaub

Wie Sie auf den beiden vorhergehenden Seiten anhand der Tourenübersicht bereits sehen können, wird in diesem Band ein Gebiet beschrieben, das zwischen der *Girondemündung* im Norden bis zu den PYRENÄEN im Süden reicht. Im Westen ist - ganz klar - der Atlantik die Grenze die östliche Begrenzung wird durch eine gedachte Linie durch die Städte PAU, AGEN und CAHORS dargestellt.

Zu Beginn unserer Reise halten wir uns überwiegend am Ozean auf. Da es jedoch auch im Landesinnere sehr sehenswerte Gebiete gibt, die zudem abwechslungsreicher sind als die endlosen Strände am *Atlantik*, wird die größere Anzahl der Touren nicht unmittelbar am Meer entlang führen. Aber keine Angst, Sie müssen sich ja nicht blind an meine Routen halten, sondern können zwischendurch immer Mal wieder einen Abstecher an einen Strand machen.

Natürlich soll hier besonders auf die Belange von Wohnmobilfahrern eingegangen werden. Aber Vorsicht: Dies ist kein Campingplatzführer! Es sind ausnahmslos Übernachtungsstellen außerhalb von Campingplätzen notiert. Bei der Markierung in den Karten habe ich zwischen „weißen" und „grauen" Stellplätzen unterschieden. Die Weißen sind offiziell von den Gemeinden angebotene „Aires de Services Camping-Cars". Einige davon sind unentgeltlich, andere kosten etwas, manche sind gar unverschämt teuer. Es gilt folgende Faustregel: Je stärker eine Region von Touristen frequentiert wird, desto strenger werden Reisemobile reglementiert und desto höher sind die Übernachtungspreise. Von daher werden Sie direkt an der Küste kaum einen kostenlosen Platz antreffen und genausowenig werden Sie dort auf einem Dorfparkplatz stehen können, ohne dass Sie ein Ordnungsbeamter höflich bittet, doch den ausgeschilderten offiziellen Platz oder einen Campingplatz aufzusuchen. Einen Campingplatz empfehle ich Ihnen übrigens auch, wenn es Ihnen irgendwo so gut gefällt, dass Sie mehrere Tage an einer Stelle bleiben wollen. Oder Sie wollen sich ausbreiten mit Vorzelt und Liegestühlen? Das geht zumindest im Sommer nur auf Campingplätzen, denn dann sind die „Aires" ziemlich gut gefüllt. Im Frühjahr oder Herbst sieht alles ganz anders aus. Die Plätze sind dann mit wenigen Ausnahmen kostenlos zu benutzen und es passiert dann sogar, dass Sie auf einem Platz für 80 Womos ganz alleine stehen.

Kommen wir nun zu den „grauen“ Übernachtungsplätzen. In den touristisch weniger erschlossenen Gebieten gibt es weniger offizielle Stellplätze, dafür sind die Behörden toleranter, was das freie Übernachten angeht. Es sind in erster Linie Plätze, auf denen wir schon mehrfach übernachtet hatten. Mit der Zeit entwickelt man ein Fingerspitzengefühl dafür, was wo geht. Auch hier gibt es eine leicht zu merkende Regel: Würden Sie sich (als Anwohner) über Sie (als Wohnmobilfahrer) ärgern? Dann stehen Sie (als Wohnmobilfahrer natürlich) offensichtlich verkehrt. Noch eines: „Graue“ Stellplätze sind sehr sensibel. Wenn auf einem kleinen Dorfparkplatz schon zwei oder drei Wohnmobile stehen, fahren Sie bitte weiter und versuchen Sie das „Wagenburg-Image“ zu vermeiden. Für die Behörden ist es meist recht einfach den Parkplatz mit einer Schranke in 2 m Höhe abzusperren. Dann hat keiner von uns mehr was davon.

Ich möchte Sie allerdings nicht schon vor Ihrer Reise abschrecken. Wir hatten bei weit über hundert Übernachtungen noch nie irgendwelche Schwierigkeiten.

Den Reiseteil dieses Buches habe ich in 12 Touren aufgeteilt. Das sind keine Tagesetappen! Wenn Sie allen Routen folgen und die vorgestellten Sehenswürdigkeiten auch besichtigen wollen brauchen Sie etwa 4 Wochen. Schließlich sind Sie ja im Urlaub und nicht bei einer Rallye. Wenn Sie weniger Zeit mitbringen stellen Sie sich einfach Ihre eigene Route zusammen. Da ich nicht weiß, was für Sie besonders wichtig ist, gebe ich Ihnen hier eine nach Themen geordnete Tourenübersicht:

Wandern, Spazierengehen	Tour 2, 3, 4, 7, 10
Sehenswerte Orte	Tour 2, 4, 5, 7, 8, 9, 12
Baden	Tour 1,3, 4, 5
Beeindruckende Landschaften	Tour 4, 5, 6, 7, 8, 10, 11
Steinzeit	9, 10, 11

Besonders schwer tue ich mir, wenn ich Ihnen die beste Reisezeit empfehlen soll. Im Sommer stehen Ihnen natürlich die Türen zu allen möglich Aktivitäten offen, der Atlantik ist einigermaßen warm, allerdings sind die leeren Strände auf einigen Fotos dann gnadenlos überlaufen. Im Frühjahr und Herbst haben Sie viel Platz, zum Baden ist es allerdings noch oder schon wieder recht kühl im Wasser. Einige Museen haben stark reduzierte Öffnungszeiten und etliche Orte, die mit -Plage oder -Océan aufhören sind menschenleer. Mehr dazu können Sie im „Allgemeinen Teil“ unter dem Stichwort „Reisezeit“ lesen.

Womit ich auch schon beim Aufbau dieses Büchleins wäre. Der größte Teil ist natürlich den 12 Touren gewidmet. Danach schließt sich der Allgemeine Teil an. Hier erfahren Sie Tipps und Tricks, die Ihnen beim Womourlaub helfen sollen. Auch Daten zu Geschichte und etwas über die Landeskunde erfahren Sie dort. Als Wohnmobilneuling sollten Sie diesen Teil erst einmal durchblättern und was Ihnen interessant erscheint durchlesen. Als drittes folgt der Service Teil, der Ihnen bei Womo-spezifischen Problemen weiterhilft. Wassertrank leer, Toilettentank voll? Die Ver- und Entsorgungsstellen finden Sie dort genauso wie eine Übersicht über die lokalen Feste und eine Packliste.

Ein Buch wie das jetzt vor Ihnen liegende entsteht nicht während eines Urlaubs. Es gibt Autoren, die so etwas können, ich kann das nicht, finde es auch nicht erstrebenswert es zu erlernen. Denn der erste Eindruck ist nicht immer der richtige. Wo es mir gefällt, schreibe ich das auf und gerade weil es mir gefällt fahre ich dort auch öfter hin und lasse mir meinen ersten Eindruck entweder bestätigen oder korrigieren. Was mir nicht gefällt notiere ich natürlich auch. Wenn es mir beim zweiten oder dritten Anlauf immer noch nicht gefällt, vermerke ich das. Auf diese Weise entsteht ein subjektiver Führer. Es ist also nicht unbedingt ein Zeichen schlechter Recherche, wenn Sie hier einige Sehenswürdigkeiten vermissen. Vielleicht ist die betreffende Gemeinde ja nicht wohnmobilfreundlich.

Da sich ja für uns Wohnmobilisten von heute auf morgen alles ändern kann, garantieren weder ich noch der Verlag, dass auf allen beschriebenen Plätzen auch weiterhin übernachtet werden darf. Im Herbst 1999 habe ich alle Angaben nochmals überprüft und gegebenenfalls geändert. Die Preise, die verschiedentlich angegeben sind, werden sich mit hundertprozentiger Sicherheit ändern. Sie dienen also lediglich als Anhaltspunkt um das Preisniveau beurteilen zu können.

Wenn Sie mir Ihre Erfahrungen oder Kritik mitteilen möchten, schreiben Sie an

Jürgen Engel, Turnerstr. 2, 67685 Weilerbach
Fax: 06374/4428
e-mail: info@alba-engel.de

Anreiserouten

Der Ausgangspunkt unserer ersten Tour ist BORDEAUX. Wie Sie am besten dorthin kommen, hängt davon ab, wo Sie wohnen und ob Sie über die gebührenpflichtigen französischen Autobahnen fahren wollen. Auf dem Plan auf der nächsten Seite habe ich die wichtigsten Autobahnen eingezeichnet. Zu jeder Autobahn gibt es allerdings parallel noch eine Nationalstraße, auf der Sie langsamer, dafür aber billiger ans Ziel kommen.

Eingezeichnet sind weiterhin Übernachtungsplätze (Ü) und Ver- und Entsorgungsstationen (VE). Eine Zufahrtsbeschreibung habe ich ebenfalls zusammengestellt. Damit die Karte nicht zu unübersichtlich wird, habe ich lediglich Zahlen eingezeichnet.

Alle Angaben wie "links" oder "rechts" in den nun folgenden Zufahrtsbeschreibungen beziehen sich auf die Hinfahrt. Auf dem Nachhauseweg müssen Sie entsprechend umdenken.

1 LANDSTUHL: (VE + Ü) Die BAB 6 MANNHEIM — SAARBRÜCKEN an der Ausfahrt LANDSTUHL verlassen und weiter in Richtung LANDSTUHL fahren. Ab Ortseingang LANDSTUHL gut ausgeschildert: zweimal rechts abbiegen, am Bahnhof vorbei, am Schild dann nochmals rechts. 4 Plätze in Zentrumsnähe.

2 MILLERY: (VE + Ü) Abfahrt von der gebührenfreien Autobahn METZ — NANCY Nummer 26, dann Richtung POMPEY. Im nächsten Ort (MARBACHE) ist MILLERY ausgeschildert. Langsam fahren, verzwickte Verkehrsführung! Immer den Schildern nach MILLERY folgen. Im Ort finden Sie ziemlich am Anfang die Einrichtungen auf einem Parkplatz auf der linken Seite zwischen der Straße und der *Moselle*.

3 TOUL: (Ü) Direkt an der gebührenfreien Autobahn A 31 gelegen ist die „AIRE DE REPOS TOUL-DOMMARTIN". Durch das sehr weit verzweigte Parkplatzsystem können Sie auf eine einigermaßen ruhige Nacht hoffen.

4 ST-DIZIER: (VE) Von NANCY kommend verlassen Sie die N 4 bei der Abfahrt nach BAR-LE-DUC. Rechts sehen Sie das große Betriebsgelände der Firma CLC Caravanes. Ordnen Sie sich beim Abfahren nach rechts ein, dann können Sie die

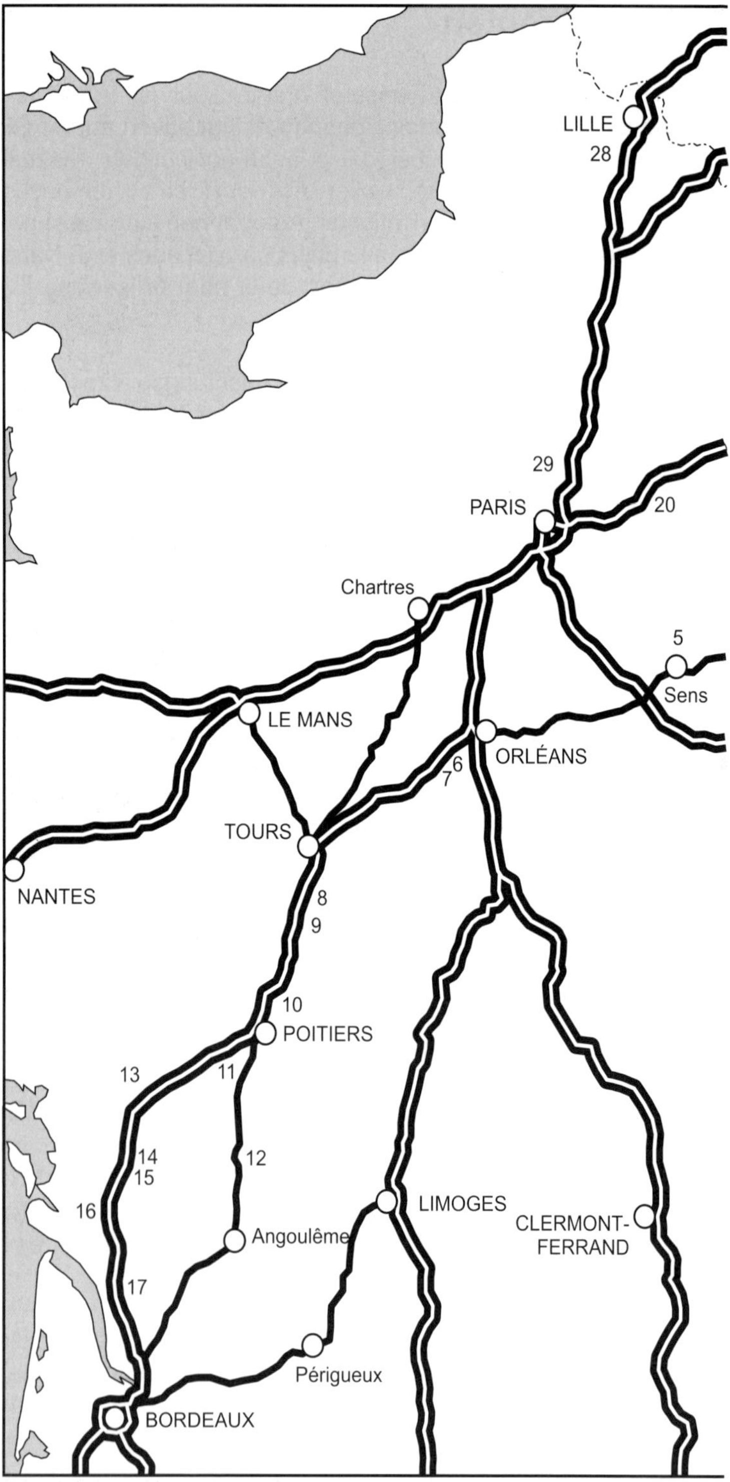

LILLE
28
29
PARIS
20
Chartres
5
Sens
LE MANS
ORLÉANS
6
7
TOURS
NANTES
8
9
10
POITIERS
13
11
14
15
12
16
LIMOGES
CLERMONT-
FERRAND
Angoulême
17
Périgueux
BORDEAUX

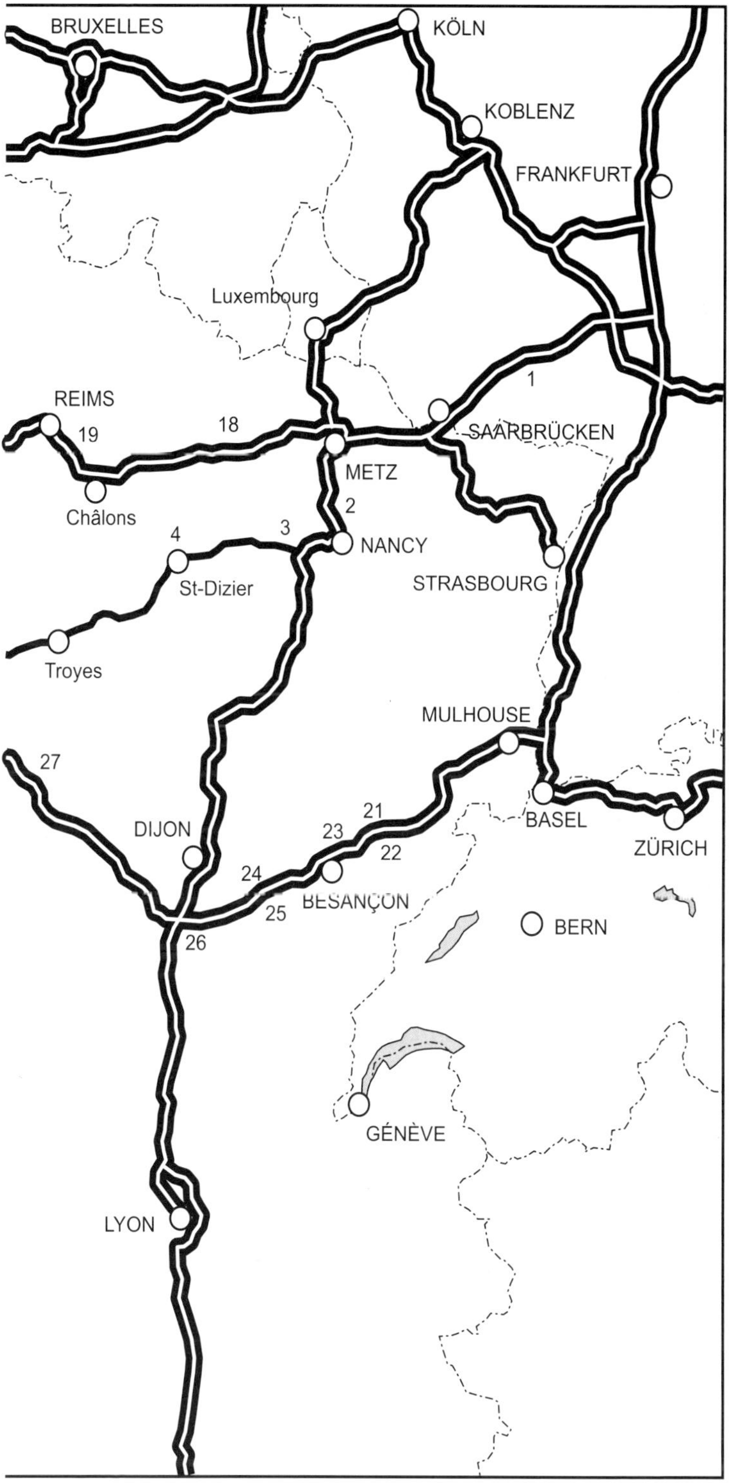
BRUXELLES
KÖLN
KOBLENZ
FRANKFURT
Luxembourg
1
REIMS
18
19
SAARBRÜCKEN
METZ
Châlons
2
4
3
NANCY
St-Dizier
STRASBOURG
Troyes
MULHOUSE
27
21
BASEL
ZÜRICH
DIJON
23
22
24
BESANÇON
25
BERN
26
GÉNÈVE
LYON

Übernachtungsplatz in Beaugency

Querstraße geradeaus überqueren und direkt in das Betriebsgelände einfahren. Eine Euro-Relais Station steht noch vor dem Haupttor und ist somit jederzeit zugänglich.

5 SENS: (Ü) In der Ortsmitte der Stadt gibt es unzählige Parkplätze entlang der Durchgangsstraße. Sie dürfen dann freilich am Ortseingang nicht der Umgehung für den LKW-Verkehr folgen. An einen ruhigen Schlaf ist hier wenig zu denken, aber vielleicht wollen Sie abends noch ein wenig bummeln und dann einen kleinen Schlummertrunk zu sich nehmen.

6 MEUNG-SUR-LOIRE: (VE) Direkt an der Nationalstraße ist die „Adria"-Vertretung Ets. Sénéchal. Dort gibt es Frischwasser und man kann eine Nacht stehen bleiben.

7 BEAUGENCY: (Ü) Am Wasserturm an der Ampel rechts abbiegen. Ab dann der „Womo-Beschilderung" folgen. Direkt an der *Loire* ist Platz für ca. 10 - 15 Wohnmobile. Lediglich WC vorhanden.

8 STE-MAURE-DE-TOURAINE: (Ü) In der Ortsmitte den Schildern folgend links abbiegen. Platz für ca. 20 Mobile. 48 Stunden maximal. WC.

9 CHÂTELLERAULT: (Ü) Im Stadtzentrum die Brücke „Pont Henry VI" überqueren. Dann den Schildern „Parking de l'Angelarde" folgen.

10 VAL DE CLAIN: (VE) Von CHÂTELLERAULT kommend liegt die Raststätte "VAL DE CLAIN" auf der linken Seite der N 10. Sie ist frühzeitig ausgeschildert, kann jedoch nicht auf dem direkten Weg erreicht werden. Sie müssen bis zum nächsten Kreisel weiterfahren und dann wieder ein kurzes Stück zurück. In einer Ecke der Rastanlage steht eine Ver- und Entsorgungssäule. Genau dort müssen Sie auch den Rastplatz verlassen, um über provisorische Wege wieder zurück zum Kreisel zu kommen.

11 PAMPROUX sud: (VE) an der Raststätte an der A 10.

12 RUFFEC: (Ü) Von der Nationalstraße aus in den Ort hineinfahren. Am Ortsausgang dann links Richtung „Aire de Rejallant" abbiegen. Großzügige Freizeitanlage am Ufer der *Charente.* Im Sommer bewirtschaftet.

13 RURALIES nord: (VE) an der Raststätte an der A 10.

14 ST-JEAN D'ANGÉLY: VE + Ü) Die A 10 bei der Ausfahrt 34 verlassen. In ST-JEAN D'ANGÉLY Richtung camping municipal fahren. In der Nähe dieses Campingplatzes wurde ein Stellplatz für ca. 15 Mobile eingerichtet.

15 FENIOUX est: (VE) an der Raststätte an der A 10.

16 ST-LÉGER ouest: (VE) an der Raststätte an der A 10.

17 SAUGON ouest/est: (VE) an den Raststätten an der A 10.

18 VERDUN-ST-NICOLAS nord: (VE) an der Raststätte an der A 4.

19 REIMS-CHAMPAGNE nord/sud: (VE) an der Raststätte an der A 4.

20 USSY-SUR-MARNE: (VE) an der Raststätte an der A 4.

21 L'ISLE-SUR-LE-DOUBS: (Ü) Die A 36 bei der Abfahrt 6 verlassen und in den Ort hineinfahren. Direkt neben der Brücke über den *Doubs* finden Sie einen großen Parkplatz zum Übernachten.

22 BAUME-LES-DAMES: (VE + Ü) Abfahrt 5 von der A 36 nehmen. Vom Ortszentrum aus fahren Sie Richtung „Piscine", am Supermarkt „Super U" vorbei und dann rechts ab zum

Übernachtungsplatz am Ufer des *Doubs*. Zum Ver- und Entsorgen müssen Sie am Supermarkt weiter geradeaus fahren und den folgenden Kreisel so verlassen, dass Sie über eine Brücke fahren können. Danach bei der ersten Einmündung rechts abbiegen (Schild „ESNANS“). Fahren Sie jetzt ein Stück am Kanal entlang, bis sie links die Ver- und Entsorgungsstation sehen. Abwasser- und Toilettenentsorgung bieten keine Probleme, um Frischwasser zu zapfen benötigen Sie jedoch dringend einen Schlauch mit ¾ Zoll-Überwurfmutter. Der Wasserhahn ist im Boden eingelassen und zeigt nach oben. Vielleicht wünscht die reisemobilfreundliche Gemeinde aus diesem Grund auf einer Hinweistafel einen „spaßigen Aufenthalt“.

23 CHAMPOUX/MARCHAUX: (VE) an den Raststätten an der A 36.

24 SAMPANS: (VE) 6 km nördlich von DOLE. Kurz vor dem Ortsende geht eine kleine Sackgasse rechts ab zur Firma „Bideau Caravanes“. Dort sind auf der linken Seite zwei Ver- und Entsorgungsstationen: Eine Fiamma-Station mit angeschlossenem Wasserschlauch und ein „Borne Cathare“. Alles

ist außerhalb des Betriebsgeländes und somit jederzeit zugänglich.

25 DOLE: (Ü) Abfahrt 2 der A 36. Fahren Sie nach DOLE hinein und folgen Sie einfach den Schildern „Parking Clemenceau". Sie finden dann einen tristen Parkplatz gegenüber einer Schule mit immerhin 200 Plätzen.

26 ROMANGE: (VE) an der Raststätte an der A 36.

27 GURGY: (VE + Ü) Bei der Abfahrt AUXERRE die A 6 verlassen. Weiterfahren nach MONÉTEAU, in der Ortsmitte dann in Richtung SEIGNELAY nach links abbiegen. Nachdem Sie unter der Autobahn durchgefahren sind, biegt der Weg nach GURGY links ab. 3 Plätze, Verweildauer maximal 24 Stunden. Jetons gibt's auf dem Bürgermeisteramt (Mairie).

28 PHALEMPIN ouest: (VE) an der Raststätte an der A 1.

29 VEMARS ouest: (VE) an der Raststätte an der A 1.

TOUR 1 (313 km)

Bordeaux — Le Verdon — Cap Ferret — Bordeaux

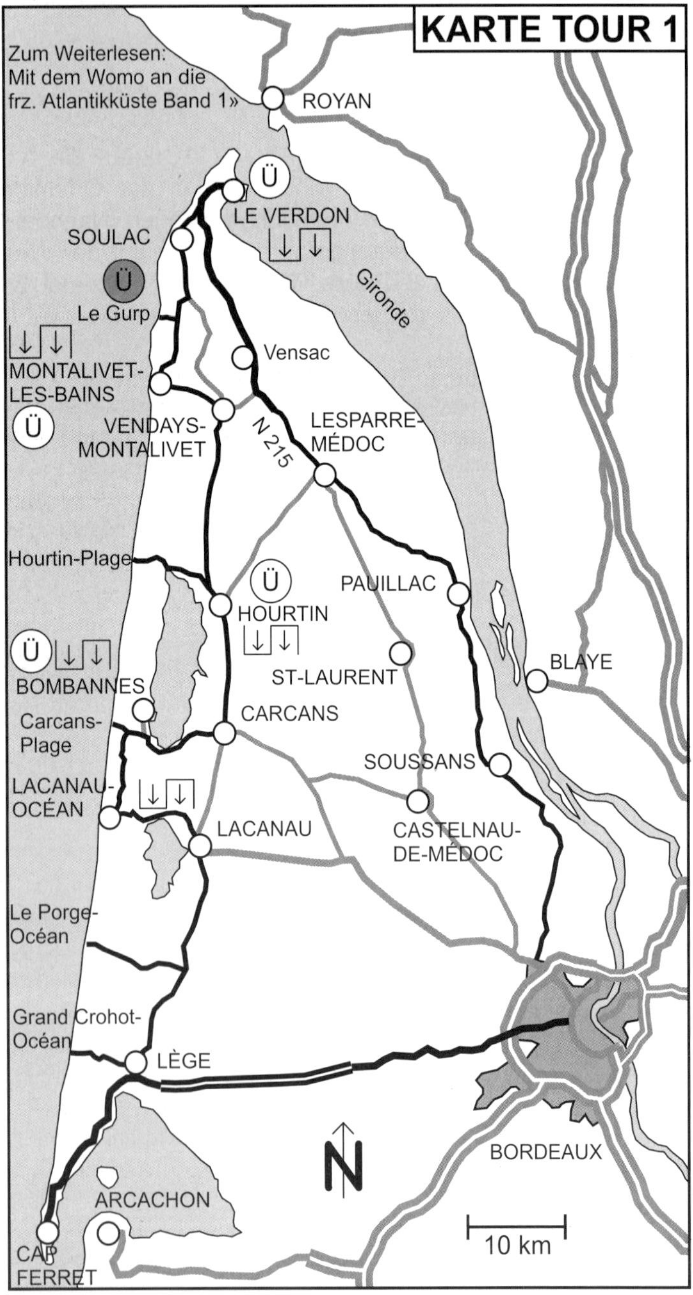

Übernachten:	Le Verdon; Le Gurp; Montalivet-les-Bains; Hourtin; Bombannes
Besichtigen:	Die Châteaux (Weingüter) des Médoc; Fort Médoc
Baden:	Montalivet-les-Bains; Hourtin-Plage; Hourtin-Port; Maubuisson; Carcans-Plage; Lacanau-Océan; Le Porge-Océan; Grand Crohot Océan
Markt:	Labarde (Do.), Soussans (Do.), Maubuisson (Mi.)

Es wird höchste Zeit! Zeit die endlosen Nationalstraßen zu verlassen, höchste Zeit etwas anderes zu sehen als Wälder, Wiesen und Felder und allerhöchste Zeit uns im *Atlantik* abzukühlen. Der Stadtbummel in BORDEAUX soll warten bis zur nächsten Tour, wir wollen jetzt schwimmen.

Die Ringautobahn um BORDEAUX (Rocade) ist erfreulich leer und so fahren wir Richtung Flugplatz MÉRIGNAC bis zur Abfahrt 7 — und schon stehen wir im Stau. Nach LACANAU wollen scheinbar noch mehr Urlauber. Aber wir sind ja flexibel. Bei einer kurzen Rast ändere ich meine Pläne und somit ist die ganze schöne Einleitung hinfällig. Der Besuch der Weingüter des MÉDOC ist zwar weniger erfrischend als eine Abkühlung im Meer, hat aber den gleichen Erholungswert. Außerdem soll man ja sowieso nicht überhitzt ins Wasser gehen und schließlich wird die Tour 1 auf diese Weise zu einer schönen Rundfahrt statt zu einem Zick-Zack-Kurs. Sie sehen, es gibt viele Ausreden um nicht 50 km im Stau stehen zu müssen.

Bis zur Ortsmitte von EYSINES schwimmen wir noch in der Zähflüssigkeit des Verkehrs mit, dann ordnen wir uns rechts ein und fahren in Richtung PAUILLAC.

Châteaux (Schlösser) nennen sich hier die Weingüter, und wenn Sie die Gebäude sehen, werden Sie wissen warum. Zu Beginn unserer Route liegen sie noch etwas verschämt hinter großen Parks und abseits der Straße, etwas weiter nördlich können Sie die Herrenhäuser direkt rechts und links des Weges bestaunen. Sie können allerdings auch dem einen oder anderen Weingut einen Besuch abstatten. Hierbei ist jedoch bei den Edelgütern eine vorherige Terminvereinbarung nötig. Schließlich finden wir hier so berühmte Namen wie Château Mouton-Rothschild, Château de Beychevelle, Château Margaux oder Château Lafite-Rothschild. Wir haben die Erfahrung gemacht, dass je exklusiver die Weine sind, desto distinguierter sich die „Schlossherren“ verhalten. Zum Besuch

Château Aney

von Lafite-Rothschild ist zum Beispiel eine Voranmeldung in PARIS erforderlich. Die Öffnungszeiten der Weingüter habe ich Ihnen im „Allgemeinen Teil“ unter dem Stichwort „Wein“ aufgeschrieben. Wenn Sie nicht von langer Hand planen wollen, besuchen Sie eines der kleineren Châteaux. Sie werden nicht enttäuscht sein und ihr Geldbeutel auch nach dem Kauf mehrerer Flaschen Wein noch das gesunde Gewicht haben, das er zu Beginn eines Urlaubs haben sollte.

Etwa 30 Kilometer nach der Abfahrt von der Rocade erreichen Sie COUSSAC-LE-VIEUX. Hier möchte ich Sie zum Abbiegen nach rechts überreden. Nein, kein weiteres Weingut steht auf dem Programm sondern eine Verteidigungsanlage. Bei dieser Gelegenheit erzähle ich Ihnen auch gleich was es zu verteidigen galt und stelle Ihnen Herrn Vauban vor, von dem Sie nicht nur hier sondern in allen Büchern lesen werden, die sich mit FRANKREICH und Festungen befassen. Bleiben wir jedoch noch kurz bei unserer Tour: Im Zentrum von COUSSAC-LE-VIEUX ist Fort Médoc ausgeschildert und Sie brauchen nur noch 3 Kilometer über einen ausgebauten Feldweg zum Ufer der *Gironde* zu fahren.

Das Fort gehört zu einer Verteidigungskette, die mit Fort Pâte, auf einer Insel gelegen, und der Zitadelle von BLAYE am gegenüberliegenden *Gironde*ufer die Zufahrt nach BORDEAUX sichern sollte. Die Engländer machten zu jener Zeit den Franzosen das Leben schwer. Näheres lesen Sie bitte im Allgemeinen Teil unter dem Stichwort „Geschichte“. Ludwig XIV beauftragte seinen Festungsbaumeister Vauban mit der Durchführung des Projekts. Vauban hat sich in ganz FRANKREICH mit seinen Bauten verewigt. Wenn Sie jemals vor einer befestigten Stadt stehen, die eventuell noch sternförmig angelegt

Fort Médoc - Porte Royale

ist, können Sie lässig den Namen Vaubans im Gespräch mit Freunden fallen lassen. Die Trefferquote liegt bei 90%.

Von Fort Médoc ist nicht mehr allzuviel übrig geblieben. Trotzdem lohnt sich der kleine Abstecher. Direkt am Eingang, wenn Sie die Porte Royale durchschreiten, sehen Sie oben am Torbogen das Sonnensymbol Ludwigs XIV, darunter dessen Wappenschild mit der Lilie.

Im Inneren ist auf der linken Seite im Torbogen eine Art Heimatmuseum; auf der rechten Seite zuvor das Kassenhäuschen. 10 FF kostete im Herbst 1999 der Eintritt. Allein der Blick über die *Gironde* bis nach BLAYE ist diesen Obolus schon wert. Im Innenhof sind auf der rechten Seite noch die

Kapelle und ein Teil der Kasernen sowie das Pulverhaus zu sehen. Direkt an der Gironde können Sie das Wachhäuschen besichtigen. Von dort genießen wir auch die schon erwähnte Aussicht. Auf dem Rückweg sollten Sie auch noch einen Blick auf die Räume im ersten Stock des Torgebäudes werfen. Unter anderem finden Sie dort die Bedienungsvorrichtung für die Falltür.

Auf dem selben Weg auf dem wir hergekommen sind fahren wir wieder zurück nach COUSSAC-LE-VIEUX. Dort biegen wir rechts ab und folgen wieder den Schildern nach PAUILLAC. Bald darauf erreichen wir BEYCHEVELLE mit seinem berühmten Château. In den meisten Reiseführern werden Sie lesen, dass der Name vom okzitanischen „baishavela“ kommt, was soviel heißt wie „Segel einholen“! Darüber, warum denn nun die Segel eingeholt wurden, herrscht Uneinigkeit. War es ein Gruß an den Schlossherren, der die napoleonische Flotte finanziell unterstützte? Oder war es einfach üblich hier die Segel einzuholen um die restliche Strecke bis BORDEAUX mittels Muskelkraft oder mit Hilfe der Gezeitenströmung zu bewältigen? Hatte der Baron von BEYCHEVELLE eine Art Zollrecht und mussten die Schiffe ihre Fahrt zur Entrichtung der Abgabe hier ihre Fahrt unterbrechen? Oder mussten die Franzosen hier die Segel einholen um ihre Niederlage gegen die

Pforte des Château Beychevelle

Blumenschmuck in Beychevelle

Gasconen einzugestehen? Suchen Sie sich Ihre Version heraus. Sie ist genauso wahr oder unwahr wie die anderen.

Nach kurzer Fahrt erreichen wir in ST-LAMBERT das malerische Château Pichon-Longueville. Auf der linken Seite der Straße gelegen lädt es geradezu zum Besichtigen ein. Den Parkplatz finden Sie direkt nach dem Gebäude ebenfalls auf der linken Seite. Nur noch wenige Kilometer trennen uns jetzt von PAUILLAC. Hier möchte ich unsere Château-Tour beenden. Mouton-Rothschild und Lafite-Rothschild möchten Sie

Château Pichon-Longueville

noch besichtigen? Die liegen sowieso jenseits von PAUILLAC — und Sie müssen schon ein eingefleischter Weinkenner sein um die Besichtigungshürden nehmen zu können. Lesen Sie im Allgemeinen Teil bei „Wein“ nach wie Sie in die hochherrschaftlichen Gefilde vordringen können.

Unser weiteres Ziel ist ab PAUILLAC die nördliche Spitze des Médoc. Die ist einfach zu finden: Folgen Sie mit uns den Schildern nach HOURTIN. Wenn wir die N 215 erreichen fahren wir ihr auf ihr nach Norden. Ab LESPARRE-MÉDOC richten wir uns nach den Wegweisern nach SOULAC oder LE VERDON-SUR-MER. Ein Schild mit Womo-Symbol lässt mich aufmerksam werden. Wenn ich ihm Glauben schenken darf, sind es noch 3700 Meter bis zu einem Ver- und Entsorgungsplatz. In VERDON brauchen wir nur den Schildern zum „Plage de la Chambrette“ zu folgen und erreichen dann einen Womo-Parkplatz, der recht ordentlich angelegt ist. Es gibt hier einen Glascontainer, Abfallbehälter und eine Ver- und Entsorgungsstation. Jetons für Frischwasser und Strom gibt es in der Mairie, im Office de Tourisme und in den naheliegenden Geschäften. Der Zusatz „Plage“ beim Stellplatz ist zwar übertrieben. Um sich in die Fluten zu stürzen sollten Sie noch etwas warten. Hier baden Sie im Mündungstrichter der *Gironde*, was eigentlich nicht so schlimm wäre. Vielleicht sollte ich aber noch erwähnen, dass VERDON einer der größten Ölhäfen FRANKREICHS ist. Auf der Hinfahrt können Sie rechts

Stellplatz in Le Verdon-sur-Mer

die riesigen Lastkräne des Containerterminals erkennen. Hier werden die Schiffe abgefertigt, die zu groß sind um bis BORDEAUX fahren zu können.

Ab hier wollen wir nun endlich die Strände der Atlantikküste besuchen. Dazu fahren wir erst einmal in Richtung SOULAC. Allerdings lauert hier eine Falle: Folgen Sie nicht den Schildern „par front de mer“ wenn Ihr Fahrzeug höher ist als 2,90 Meter. SOULAC kann mich wenig begeistern. Der negative Eindruck verstärkt sich dadurch, dass Wohnmobile wohl nicht gern gesehen sind, werden Sie doch rigoros auf Campingplätze verbannt. Also fahren wir weiter: „Route des Lacs“ hört sich nicht schlecht an. Dieser Richtung werden wir weiterhin folgen.

LE GURP 5 km. Endlich ein Strand! Das Schild ist nicht zu übersehen und wir finden einen großen Parkplatz am Ende der Stichstraße. Nur noch eine Düne trennt uns jetzt vom Ozean. Hier können Sie übernachten, wenn Sie die Abgeschiedenheit lieben. Hauptsächlich Surfer sind hier anzutreffen. Und Bunker. Zuerst glaube ich meinen Augen nicht zu trauen, als ich diese Ungetüme am Strand sehe. Vauban war da kreativer. Auf den zweiten Blick kann ich ihnen allerdings eine gewisse Ästhetik nicht absprechen. Diese für tausend Jahre konstruierten Betonklötze liegen so schief und hilflos am Strand herum, dass ich schon fast geneigt bin Adjektive wie „tanzend“ oder „elegant“ zu benutzen. Die Bilder auf den Betonkolossen tun ein Übriges um ihnen ihre Bedrohlichkeit

Bunkergraffiti in Le Gurp

zu nehmen. Lästige Fremdkörper, die man abreißen sollte oder Mahnmale, die es gilt zu erhalten? Dem *Atlantik* ist das egal. Er wird sich in einigen Jahrhunderten die Bauten einverleiben und einen Sandstrand hinterlassen. — Wenn nicht wieder jemand auf die Idee kommt seine Wehrhaftigkeit in Tonnen von Beton zu manifestieren.

Uns zieht es weiter nach Süden. MONTALIVET-LES-BAINS ist der nächste Ort auf unserer „Route des Lacs". Hier gibt's jede Menge Sandstrand entlang der Küstenstraße. Leider können Wohnmobile während der Saison nicht überall parken. Dafür ist ein eigener Wohnmobilstellplatz mit Ver- und Entsorgung vor dem „Camping municipal" eingerichtet. Der ist zwar gut ausgeschildert, kostet aber pro Nacht 45 FF. Von der Lage her ist er das in meinen Augen nicht wert. In und um MONTALIVET ist das größte FKK-Gebiet Europas. Daher gehören die meisten Strandabschnitte zu den Nudistencamps und sind nicht ohne weiteres zugänglich. Ich gehe jedoch einmal davon aus, dass Sie wie wir einen schönen Badeplatz gefunden haben. Der Stress der Anreise ist jetzt abgebaut und ich kann Sie guten Gewissens bitten mir weiter nach Süden zu folgen. Es stehen noch jede Menge Strände auf meiner Liste. Und wenn es anfängt langweilig zu werden (Immer nur Strände!!!) habe ich auch noch ein paar Überraschungen im Hinterland für Sie parat.

Es ist sinnvoll wenn wir uns jetzt vom Meer verabschieden und nach VENDAYS-MONTALIVET fahren. Die Küstenstraße — wenn man überhaupt davon reden kann — ist eigentlich ein besserer Forstweg. In VENDAYS dann biegen wir in einer Linkskurve rechts ab nach HOURTIN. Kilometerweit führt der Weg — meistenteils geradeaus — durch Pinienwälder. Die meisten Orte in der Nähe der Küste gibt es einmal in echt und einmal mit der Ergänzung -Plage oder -Océan für die Touristen. Letztgenannte führen außerhalb der Saison meist ein tristes Dasein. HOURTIN setzt dem noch eins drauf und existiert als Dreifaltigkeit von HOURTIN (-BOURG), HOURTIN-PLAGE und HOURTIN-PORT. Des Rätsels Lösung: Der Ort liegt sowohl in der Nähe des *Atlantiks* als auch am *Lac d'Hourtin-Carcans*, dem größten Binnensee Frankreichs.

In CARTIGNAC müssen Sie sich entscheiden: Wollen Sie sich in die Fluten des Ozeans stürzen oder eher gemächlich am Seeufer Baden gehen? Im ersten Fall biegen Sie rechts ab und folgen den Schildern nach HOURTIN-PLAGE. Auch hier haben wir wieder einen großen Sandstrand vor uns. Durch die hier herrschende starke Brandung wird der Ort hauptsächlich von Surfern geschätzt. Direkt an der Uferpromenade herrscht zwischen 21 und 8 Uhr Parkverbot für uns Womofahrer. Tagsüber dürfen Sie jedoch, wenn Sie einen Platz finden, überall stehen. Falls nicht, können Sie nach der Parkplatzsuchrunde wieder Richtung HOURTIN zurückfahren und auf der linken Seite fast schon am Ortsausgang eventuell noch einen Platz finden. Sie sind dann zwar schon etliche Meter vom Meer entfernt. Wenn Sie schwerere Ausrüstungsgegenstände mitschleppen müssen wird's anstrengend. Mit nichts als Handtuch und Sonnenöl unterm Arm nehmen Sie die Strecke mit links. Abends müssen Sie allerdings auch hier wieder wegfahren. Aber ich habe einen Stellplatz für Sie ganz in der Nähe.

Wenn Ihnen die Wellen am *Atlantik* zu stark sind gibt es die kinderfreundliche Alternative HOURTIN-PORT am *Lac d'Hourtin-Carcans*. Dazu müssen wir allerdings erst einmal nach HOURTIN fahren. Dort sind schon gleich am Ortseingang die entsprechenden Schilder zu sehen. Am Ende der Straße erwartet uns: ein Wäldchen mit vielen Parkbuchten und Picknickgelegenheiten, ein Womo-Stellplatz mit Ver- und Entsorgungseinrichtung, ein Sandstrand am See und viele Freizeiteinrichtungen. Beginnen möchte ich mit Letzteren. Unsere Kinder verbringen einen ganzen Tag hier ohne auch nur ein einziges Mal nach uns zu fragen. Außer einer Minigolfanlage ganz in der Nähe des Stellplatzes gibt es noch eine eigene Spielinsel für Kinder, die „Île aux enfants", eine Art Abenteuerspielplatz für Kinder bis 13. Natürlich lockt auch der Strand. Die Wellen sind dort wesentlich zahmer als am *Atlantik* und das Baden wird überwacht. Eine Crêperie stillt den kleinen Hunger zwischendurch. Kurz: Unsere Kids haben sich sehr wohl gefühlt — wir dadurch auch! Wenn Sie nicht nur faulenzen wollen, können Sie auf den gut ausgebauten Wegen radeln: Am gegenüberliegenden Seeufer sind Dünen mit bis zu 70 Metern Höhe.

Der Womo-Platz ist parzelliert, so dass die Wagenburgen, vor denen mir immer ein bisschen graut hier nicht gebaut werden können. An der Einfahrt ist gleich links die Ver- und Entsorgungsstation. Jetons hierfür gibt's an der Kasse der Fahrradvermietung gleich nebenan. Hier müssen Sie allerdings auch vom 1.7. bis zum 31.8. die Übernachtungsgebühr (1999: 40 FF) zahlen. Für den Rest des Jahres ist der Platz unentgeltlich. Es ist jedoch so entspannend hier, dass wir gern bezahlen. Der Platz ist recht groß, so dass wir bisher selbst in der Saison noch immer untergekommen sind. Im Herbst war ich schon der einzige Besucher.

Wir fahren von HOURTIN aus nach CARCANS. Und auch hier ist es nicht der Ort selbst, den wir besuchen wollen, sondern seinen Küstenableger CARCANS-PLAGE. Zwischen beiden gibt es allerdings noch eine Gelegenheit zum Baden am See und zum Übernachten im Wald.

Am Ortseingang von MAUBUISSON lädt uns ein Schild „Par Front du Lac" ein, ihm nach rechts zu folgen. Ein langer Sandstrand ist wie geschaffen um wieder einmal den Fahrersitz mit dem Badetuch zu tauschen. Aber wo parken? Längs der Straße herrscht ein Halteverbot für Womos vom 1.5. bis zum 30.9. Lediglich ganz am Anfang und ganz am Ende der Promenade gibt es Ausweichparkplätze, die nur nachts für uns gesperrt sind. Dafür gibt es nach kurzer Fahrstrecke einen Übernachtungsplatz.

Wenn Sie am Ortsende von MAUBUISSON am Kreisel rechts abbiegen nach BOMBANNES, kommen Sie nach 1500 Metern

Übernachtungsplatz bei Bombannes

zum Stellplatz auf der linken Straßenseite. Er ist gebührenfrei und recht naturbelassen, obwohl eine Schutzhütte und eine Ver- und Entsorgungseinrichtung gebaut wurde, die übrigens auch nichts kostet. Allerdings ist es nicht jedermanns Sache mitten im Wald zu stehen. Mit „schnell mal Baguette einkaufen“ am nächsten Morgen ist da nichts!

Wenn Sie weiterfahren würden nach BOMBANNES kämen Sie in ein Sportzentrum. Wohl fast alle Sportarten, die mit Wasser zu tun haben könnten Sie hier betreiben, aber auch Tennis spielen und Bogenschießen. Da ich Sport nur in dem Maße betreibe, das bei jedem Sportler eigentlich Nicht-Sport wäre, ist mir BOMBANNES von vornherein suspekt. Erwarten Sie also keine Beschreibung von mir.

Zu unserem nächsten *Atlantik*-Strand fahren wir zurück zum Kreisel am Ortsausgang von MAUBUISSON und von dort aus nach CARCANS-PLAGE. Zwischen den Orten treffen wir wieder auf ein dichtes Radwanderwegenetz. CARCANS-PLAGE hat auf allen Parkplätzen durch entsprechende Schilder die Wohnmobile von 21 bis 8 Uhr verbannt. Auf dem größten Platz, links der Hauptstraße wenn Sie auf den Strand zufahren, gilt diese Regelung nur vom 1.5. bis zum 30.9. Die Frage ist dann nur: Was wollen Sie außerhalb der Saison in CARCANS-PLAGE, der Ort ist dann nämlich ausgestorben. Der Strand ist mit den bisherigen vergleichbar.

Jetzt endlich wollen wir nach LACANAU-OCÉAN, wo wir eigentlich ganz zu Beginn unserer Tour hinwollten — Sie erinnern sich? Dazu müssen wir einen guten Kilometer zurückfahren nach CARCANS und können dann rechts abbiegen.

In LACANAU-OCÉAN bietet sich uns das selbe Bild das wir schon von den anderen Küstenorten gewohnt sind: Direkt an der Strandpromenade Halteverbot für Wohnmobile. Einige nicht für uns gesperrte Plätze werden Sie finden, die sind jedoch alle nicht in Strandnähe. Da wir einfach nur einen Strandspaziergang machen wollen, ist das für uns kein Problem. Eventuell wollen Sie aber gerade deshalb nach LACANAU-OCÉAN weil Sie hier ihr Surf-Paradies suchen. Hier werden nämlich Surfmeisterschaften ausgetragen, entsprechend reizvoll ist die Küste hier für Sportler. Sie müssen dann Ihre Ausrüstung schon ein paar Meter schleppen.

Der Strand kommt mir riesig vor und ich denke, dass selbst in der Saison, wenn es hier im Ort von Menschen wimmelt, immer noch ein Plätzchen frei sein sollte, an dem Sie sich am Meer ausbreiten können.

Den Weg nach LACANAU finden wir, wenn wir den Schildern nach BORDEAUX folgen. Dabei kommen wir durch LE HUGA. Auf Seite 225 können Sie nachlesen wo Sie hier ver- und entsorgen können. In die Großstadt wollen wir allerdings noch nicht. Auf der Michelin-Karte habe ich noch zwei Strände entdeckt, bei denen keine Ortschaften eingezeichnet sind. Die möchte ich mir noch anschauen. Außerdem reizt mich das CAP FERRET am südlichen Zipfel einer Landzunge am *Bassin d'Arcachon*. Wenn Sie hierfür kein Interesse mitbringen können Sie jetzt jedoch gleich nach BORDEAUX fahren. Wir treffen uns zu Beginn der Tour 2 wieder.

Wenn Sie mir weiter folgen wollen fahren Sie in LACANAU geradeaus, wenn die Hauptstraße nach BORDEAUX links abgeht. Sie erreichen dann LE PORGE und biegen dann rechts ab nach LE PORGE-OCÉAN. Hier erwartet uns ein riesiger Strand mit enorm vielen Parkplätzen. Am Ende der Stichstraße zur Küste können wir an einem Kreisel wählen ob wir auf dem Platz mit 1300 oder 1800 Parkbuchten halten wollen. Beide liegen im Wald, auf beiden dürfen wir nicht übernachten und von beiden ist es gleich weit zum Strand.

Der einzige Weg führt zurück nach LE PORGE. Wieder einmal biegen wir im Ort rechts ab nach LÈGE-CAP FERRET. Von dort aus wollen wir noch nach GRAND CROHOT-OCÉAN. Das soll dann unser letzter Strandbesuch nördlich des *Beckens von Arcachon* werden.

Auch hier finden wir wieder einen Riesenparkplatz für 1500 Fahrzeuge vor und auch hier müssen Sie einige Meter zu Fuß bewältigen bis Sie am Meer sind. Auch hier dürfen Sie nicht übernachten, aber das kennen wir ja nun schon. Gespannt sind wir auf die Aussicht, die in der Karte eingezeichnet ist. Dabei werden wir allerdings ein wenig enttäuscht, schöner als auf den Dünen der anderen Strände ist Sie meiner Meinung nach nicht. Was soll ich über den Strand noch schreiben ohne mich zu wiederholen? Er wird Ihnen bekannt vorkommen.

Auch das weitere Procedere ist nicht neu: Auf dem Weg auf dem wir gekommen sind fahren wir wieder zurück nach LÈGE-CAP FERRET. Jetzt muss ich Sie allerdings warnen: Wenn Sie mit mir von hier aus noch weiter nach Süden fahren wollen zum CAP FERRET, kann ich Ihnen das nur empfehlen,

Am Cap Ferret

wenn Sie ein Mensch der Extreme sind. Das einzige, was es dort noch gibt, ist — außer aneinandergereihten Ortschaften — der Blick von CAP FERRET auf die DUNE DU PILAT von der weniger bekannten Meerseite her.

Entscheiden Sie sich also, ob Sie den Abstecher noch machen wollen oder gleich weiterfahren bis BORDEAUX. Wir treffen uns auf jeden Fall auf der nächsten Seite wieder.

TOUR 2 (Stadtspaziergang)

Bordeaux

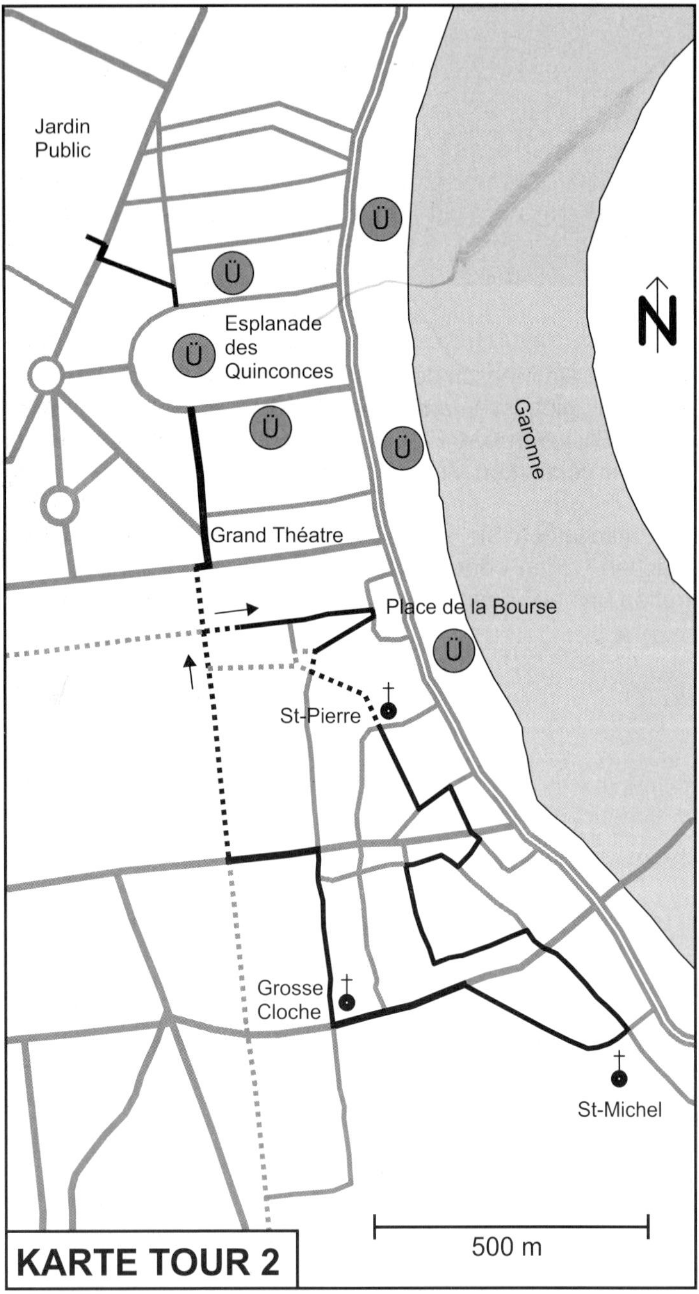

Übernachten:	An den Kais und in der Gegend um die Esplanade des Quinconces
Besichtigen:	Girondistendenkmal, Place de la Bourse, Porte Cailhau, Grosse Cloche
Spazieren:	Im Jardin Public
Markt:	An der Kirche St-Pierre (Biomarkt Do.); an der Basilika St-Michel (Flohmarkt täglich außer Sa.)

Jetzt stehe ich vor der schwierigen Aufgabe, Ihnen eine Wegbeschreibung zur ESPLANADE DES QUINCONCES zu liefern. Am einfachsten ist es, auf die Rocade in Richtung PARIS zu fahren und diese bei der Ausfahrt 4 wieder zu verlassen. „Centre Ville" ist ab hier dann ausgeschildert. Diesen Wegweisern folgen Sie dann bis Sie das Gefühl haben im Zentrum zu sein. Wenn Sie jetzt noch versuchen zur *Garonne* zu kommen (nicht überqueren!) haben Sie den größten Teil schon geschafft. Eine mehrspurige Straße führt mit einem kleinen Abstand an deren Ufer entlang. Zwei Brücken führen über die *Garonne*. Sie müssen auf jeden Fall nördlich davon bleiben. Nebenstehender Plan kann Ihnen im Zentrum behilflich sein.

Ich gehe einmal davon aus, dass Sie auf einem der eingezeichneten Übernachtungsplätze einen Parkplatz gefunden haben. Bezahlen müssen Sie in der Regel überall. Ab und zu ist die ESPLANADE DES QUINCONCES gebührenfrei. Wann das Kassenhäuschen aufgestellt wird und wann nicht entzieht sich meiner Kenntnis. Ebenso verhält es sich mit den Quais. Manchmal musste ich zahlen, manchmal nicht. Die Plätze links und rechts der Esplanade sind jedenfalls immer gebührenpflichtig. Besonders schön und ruhig gelegen sind sie alle nicht, aber zur Not kann man es dort eine Nacht aushalten. Was wollen Sie mitten in einer Großstadt auch erwarten?

Die wichtigsten Sehenswürdigkeiten der Stadt möchte ich Ihnen bei einem Rundgang zu Fuß vorstellen. Wenn möglich sollten Sie nicht gerade einen Sonntag zum Besuch Bordeaux' einplanen, denn dann sind einige Strecken recht trostlos. Wir starten an der ESPLANADE DES QUINCONCES. Hier sehen Sie das 50 Meter hohe „Monument des Girondins", ein Denkmal für die 1792 hingerichteten Girondisten, links und rechts davon einen Brunnen mit allegorischen Figuren. Die Girondisten lehnten sich während der Revolution gegen die Zentralisierung auf, wollten mehr Selbständigkeit für ihre Stadt.

Monument aux Girondins

Deshalb wurden viele von ihnen verhaftet oder ermordet. Es lohnt sich den einzelnen Figuren in den Brunnen und an der Säule Beachtung zu schenken. Sie sind alle sehr ausdrucksstark. Auf der Südseite wird der Triumph der Republik gefeiert. Vier Pferde ziehen einen Triumphwagen aus dem Wasser. Lüge, Unwissenheit und Laster versinken hingegen in den Fluten. Der Brunnen auf der entgegengesetzten Seite widmet sich der Eintracht zwischen Bauern, Bürgern und Arbeitern. Wenn Sie mit dem Rücken zur *Garonne* vor dem Denkmal stehen, verlassen Sie jetzt den Platz nach links. Unser nächste Ziel ist schon fast in Sichtweite. Das Grand Théatre, das zu den schönsten Theatern Frankreichs gezählt wird, erreichen Sie wenn Sie an der Touristeninformation vorbeigehen und zum PLACE DE LA COMÉDIE kommen.

Der Pariser Architekt Victor Louis hat das Bauwerk in den Jahren 1775 - 1780 errichtet. Die zwölf Säulen geben ihm ein antikes Flair und wirken eigentlich nur so wuchtig wenn man unmittelbar daneben steht. Betrachten Sie das Theater ruhig einmal von der gegenüberliegenden Seite des Platzes. Erst

Place de la Bourse

dann sehen Sie auch die Statuen auf der Balustrade. Wir setzen unseren Weg jetzt in der Fußgängerzone fort, die seitlich des Theaters beginnt. Sie werden übrigens diesen Rundgang wie er hier beschrieben ist in leicht abgewandelter Form in anderen Reiseführern wiederfinden. Es ist ganz einfach **die** Route um die wichtigsten Sehenswürdigkeiten zu besuchen. Für den Weg zwischen Porte Cailhau und Porte de la Grosse Cloche habe ich mich allerdings sehr stark an den Michelin Führer „Atlantikküste" gehalten. Weshalb ich das getan habe lesen Sie später.

Wir sind jetzt allerdings erst in der Fußgängerzone RUE ST-CATHERINE. Nach etwa 100 Metern biegen wir links ab in die RUE ST-RÉMI, durch die wir zum PLACE DE LA BOURSE kommen. Hier erwartet uns neben dem Brunnen mit den Drei Grazien und den stolzen Fassaden des Palais de la Bourse und des Musée des Douanes auch der Verkehrslärm der Uferstraße. Aus diesem Grund schicke ich Sie auch nicht am Ufer der *Garonne* weiter, sondern mache mit Ihnen einen kleinen Umweg.

Durch die RUE FERNAND-PHILIPPART, direkt neben der RUE ST-RÉMI durch die wir gekommen sind, möchte ich mit Ihnen den Platz verlassen. Gleich darauf taucht der PLACE DU PARLEMENT auf. Er war früher Marktplatz, heute ist er von Gastronomie gesäumt. Trotzdem hat er nichts von seiner Schönheit eingebüßt.

Wir gehen von hier aus am anderen Ende des Platzes wieder mehr oder weniger Richtung *Garonne*. Das mag sich beim Lesen etwas verwirrend anhören, wenn Sie an Ort und Stelle sind, werden Sie wissen was ich meine. Die Straße heißt RUE DU PARLEMENT ST-PIERRE und gibt schon einen Hinweis darauf, dass wir zur Kirche St-Pierre kommen. Die Straßen sind jetzt nicht mehr so akkurat rechtwinklig angeordnet wie bisher, wir kommen in die Altstadt „Vieux Bordeaux".

Wir überqueren den PLACE ST-PIERRE und gehen durch die RUE DES ARGENTIERS zum PLACE DU PALAIS. Von hier aus sieht man schon unser nächstes Ziel, die Porte Cailhau, ein Stadttor aus dem 15. Jahrhundert. Die Pforte ist zu besichtigen. Vom 15.6. bis zum 15.9. von 15 bis 19 Uhr können Sie sich im Innern die Geschichte Alt-Bordeaux' vor Augen führen und auch die künftigen Pläne für dieses Stadtviertel einsehen. Besonders schön ist allerdings der Blick vom oberen Stockwerk über die Stadt und den Fluss. Der Eintritt kostete 1999

Die Kirche St-Pierre

20 FF. Das Stadttor wurde 1495 fertiggestellt. Karl VIII. hatte gerade die Schlacht von Fornoue gewonnen und ließ sich das Tor als Triumphbogen umgestalten. Ursprünglich war die Porte Cailhau der Zugang zum Château de l'Ombrière, von dem allerdings nichts mehr übrig geblieben ist.

Ab hier werde ich, wie schon erwähnt, die Tour nach der Vorlage des Michelin-Reiseführers weiterführen. Jetzt möchte ich Ihnen auch verraten warum: Von hier aus müssen wir irgendwie zur Basilique St-Michel kommen. Da das Gewirr der

Porte Cailhau

Altstadtstraßen ist nicht einfach zu durchschauen ist, habe ich mich bei meinem ersten Besuch dem „Michelin“ anvertraut — und ich habe dabei sehr eindrucksvolle Gassen kennengelernt. Gönnen Sie Ihren Augen jetzt etwas Ruhe und konzentrieren Sie sich auf Gerüche und Geräusche. Sie werden auf dem nächsten Kilometer den Nahen und Mittleren Osten und das nördliche Afrika riechen und hören können. Aber der Reihe nach: Von der Porte Cailhau gehen Sie durch die RUE AUSONE und überqueren dann den COURS D'ALSACE-LORRAINE. Jetzt müssen Sie rechts in die kleine Straße einbiegen (was der Michelin verschweigt). Erst dann können Sie, wieder rechts, in die RUE DE LA ROUSSELLE gehen. Sie war früher eine Einkaufsstraße, Wein- und Kornhändler hatten sich hier niedergelassen. Im Haus Nummer 25 wurde Michel Eyquem de Montaigne geboren. Er war Schriftsteller und Bürgermeister von BORDEAUX. Zur Abwechslung gehen wir jetzt einmal nach links in die RUE NEUVE. Sie ist zwar eine Sackgasse, für uns Fußgänger jedoch durchgängig passierbar. Deshalb kann ich auch schreiben, dass wir am Ende der Straße wieder nach links weitergehen. Bald erreichen wir wieder die RUE DE LA ROUSSELLE und biegen rechts ab. Jetzt sind wir an der Porte des Salinières, die früher Porte de Bourgogne hieß. Wir müssen jetzt den COURS VICTOR HUGO überqueren, der in seiner Verlängerung auf die Pont de Pierre führt. Dies ist in BORDEAUX die älteste Brücke über die *Garonne*. Napoleon I. brauchte für seinen Spanienfeldzug eine effektive Möglichkeit zur Überquerung des Flusses. Die Fährleute konnten die immensen Mengen an Kriegsgütern nicht bewältigen, also musste eine Brücke her. 1810 wurde daher eine Holzkonstruktion gebaut, die 1821 durch die Steinkonstruktion (... de Pierre) ersetzt wurde. Die Konstrukteure waren gar nicht begeistert, da die *Garonne* wegen ihrer Strömung, ihrer Breite und den regelmäßigen Hochwassern sie vor massive Probleme stellte. Aber es hat wohl geklappt, die Brücke steht immer noch. Sie hat übrigens 17 Bögen, soviel Buchstaben hat auch „Napoleon Bonaparte", aber das nur am Rande.

Wo waren wir stehengeblieben? Ach ja, wir haben den COURS VICTOR HUGO überquert. Jetzt folgen wir der RUE DE LA FUSTERIE bis zur Basilika St-Michel. Da selbst der DuMont wenig über die Basilika zu berichten weiß, habe ich auch kein schlechtes Gewissen, wenn ich nicht näher auf sie eingehe. Deshalb sollten Sie sich von einem Besuch jedoch nicht abhalten lassen. Eindrucksvoll ist jedoch der Glockenturm, der frei neben dem Gotteshaus steht. Immerhin ist er mit seinen 114 Metern der höchste Kirchturm Südfrankreichs.

Ab hier sind wir auf dem Rückweg. Wir lassen die Basilika samt Turm auf unserer linken Seite und gehen durch die RUE

Die Grosse-Cloche

DES FAURES zum COURS VICTOR HUGO, einer breiten Einkaufsstraße. Nach etwa 250 m sehen Sie auf der rechten Seite ein weiteres Stadttor, die Porte de la Grosse-Cloche. Sie ist eines der Wahrzeichen der Stadt und wurde im 15. Jahrhundert auf den Resten eines 200 Jahre älteren Tores erbaut. Die Glocke wurde früher bei besonderen Anlässen, so zum Beispiel zum

Beginn der Weinlese geläutet. Wenn Sie uns jetzt durch das Tor in die RUE ST-JAMES folgen, sehen Sie rechts daneben die Kirche St-Eloi, in der früher die Ratsherren ihren Amtseid ablegten. Am Ende der Straße kommen wir zum COURS D'ALSACE-ET-LORRAINE in den wir nach links einbiegen. Bald darauf erreichen wir dann wieder die Fußgängerzone RUE ST-CATHERINE, in die ich Sie nach rechts schicken möchte. Sie wissen jetzt wieder wo Sie sind und ich bin froh, diese Abfolge von Links-Rechts-Anweisung beenden zu können.

Auf Ihrem Weg zurück zum Womo kommen Sie schräg gegenüber des Theaters noch zum Maison du Vin. Hier können Sie sich über Weinanbau und -Verarbeitung informieren und verschiedene Weine ungezwungen verköstigen (kein Ver-

Das Maison du Vin

kauf!). Natürlich hätte ich das Gebäude auch schon zu Beginn unseres Spaziergangs erwähnen können, es sieht nur aus der Richtung aus der wir jetzt kommen interessanter aus. Zurück zum PLACE DES QUINCONCES finden Sie jetzt allein.

Vielleicht ist Ihnen in der hektischen Stadt ja auch mehr nach Ruhe zumute, dann finden Sie Entspannung im nahegelegenen Jardin Public. Besonders sonntags ist diese Variante dem vorgenannten Spaziergang vorzuziehen. Bei gleicher Situation wie zu Beginn des Kapitels (Blick auf das Monument des Girondins, *Garonne* im Rücken) verlassen Sie den PLACE DES QUINCONCES nach rechts und kommen so zum COURS DU MARÉCHAL FOCH. Sie erreichen nach kurzem Fußmarsch den COURS DE VERDUN und finden dort einen Eingang zum Park.

Der Jardin Public wurde als Englischer Garten angelegt. Mehr über den Einfluss der Engländer auf BORDEAUX können Sie im Allgemeinen Teil unter dem Stichwort „Geschichte" lesen. Als Zugabe gibt es am westlichen Ende noch einen botanischen Garten. Hier können Sie die ausgefallensten Gewächse finden. Da alles akribische genau klassifiziert ist, wissen Sie sogar als Laie, welches Pflänzchen Sie gerade vor sich haben. Den ganzen Park durchzieht ein Teich über den mehrere malerische Brücken führen. Eine Kinderinsel mit allerlei Spielgerät sorgt dafür, dass sich auch der Nachwuchs hier nicht langweilt. Im Sommer können Sie auch mit einem Boot eine kleine Rundfahrt unternehmen. Für Bildungshungri-

Jardin Public

Idylle im Jardin Public

ge gibt es noch ein Naturkundemuseum in einer Ecke des Parks.

Hiermit beende ich das Kapitel BORDEAUX, obwohl es noch viel mehr zu sehen gibt. Aber unsere Kinder haben die Nase voll und wollen wieder ans Meer — und das sehen sie im nächsten Kapitel wieder.

TOUR 3 (329 km)

Arcachon — Mimizan — Sabres — Contis-Plage — Capbreton

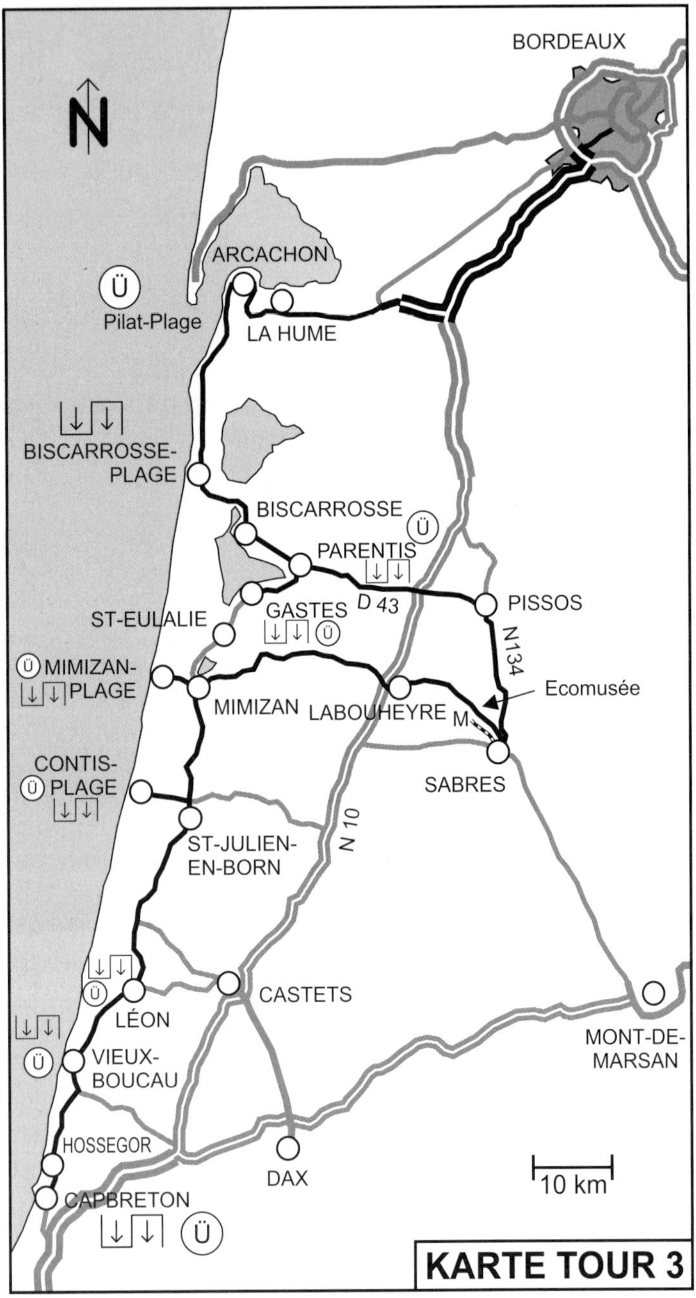

Übernachten:	Pilat-Plage; Biscarrosse; Parentis-en-Born; Gastes; Mimizan-Plage; Contis-Plage; Vieux-Boucau; Capbreton
Besichtigen:	Vogelschutzgebiet von La Teich; Dune du Pilat; Écomusée des Landes
Baden:	Biscarrosse-Plage, Mimizan-Plage, Contis-Plage, Vieux-Boucau, Capbreton
Markt:	Parentis-en-Born (Do. u. So.), Léon (tgl.), Vieux-Boucau (in der Saison Mo. bis Sa.)

Von unserem Übernachtungsplatz in BORDEAUX fahren wir wieder zur Ringautobahn „Rocade". Versuchen Sie sich so zu orientieren, dass Sie die *Garonne* links von sich haben. ARCACHON, unser nächstes Ziel, ist eigentlich recht gut ausgeschildert. Aber auch wenn Sie die Wegweiser übersehen ist das nicht weiter schlimm. Die Rocade erreichen Sie auf jeden Fall und spätestens dort werden Sie wieder richtig geleitet. Die Ringautobahn verlassen wir bei der Abfahrt 15. Ab hier fahren wir auf einer gebührenfreien Autobahn bis zum südöstlichen Zipfel des Beckens von ARCACHON.

Viele meiner Reiseführer, die ich immer mit mir herumschleppe, empfehlen den Vogelpark von LE TEICH. Etwas zögerlich habe ich den Park zum ersten Mal betreten, da ich kein ausgesprochener Vogelfan bin. Er hat uns allen jedoch sehr gut gefallen, deshalb werde auch ich ihm hier ein paar Absätze widmen.

Zuerst müssen Sie an einem der kommenden Kreisel erhöhte Aufmerksamkeit walten lassen. LE TEICH ist nach rechts ausgeschildert. Danach brauchen Sie immer nur den Schildern zum „Parc ornithologique du Teich" zu folgen. Unterwegs sehen Sie noch auf der rechten Seite den grellbunten „Jardin des Papillons", ein Schmetterlingshaus, das ich Ihnen trotz der abschreckenden Fassade empfehlen möchte. Besuchen wollen wir allerdings zuerst den Vogelpark.

Im Mündungsdelta der *Eyre* wurde ein 120 ha großes Vogelschutzgebiet ausgewiesen. Während eines Jahres machen 250 Vogelarten hier Station. Viele davon haben sich hier auch häuslich niedergelassen, bauen Nester und brüten. Gleich zu Beginn des Besuchs können Sie sich für 3 verschiedene Rundgänge entscheiden, die allerdings ineinandergreifen. Las-

Störche im Parc ornithologique du Teich

sen Sie sich nicht von der angegebenen Zeitdauer abschrecken! Hierbei sind ausgiebige Beobachtungszeiten mit eingerechnet. Vergessen Sie auf keinen Fall Ihr Fernglas! Wenn Sie keins dabei haben, sollten Sie sich an der Kasse eines ausleihen. Da ich gerade von Kasse spreche: Die Eintrittspreise betrugen 1999 36 FF für Erwachsene und 25 FF für Kinder.

Wir sind allen Rundgängen gefolgt und haben insgesamt 3 Stunden gebraucht. Nicht mitgerechnet sind dabei längere Pausen an den Beobachtungsstationen. Dabei handelt es sich um Holzunterstände mit schmalen Sehschlitzen. Damit Sie auch wissen, welche Tiere Sie gerade beobachten, hängen dort Tafeln, die dankenswerterweise auch die deutschen Vogelnamen angeben. Es ist nämlich keine Bildungslücke nicht zu wissen, was Schwarzkopfmöwe, Raubseeschwalbe, Zwergstrandläufer, Löffelente oder Pfuhlschnepfe auf französisch heißt.

Eines sollten Sie noch bedenken: Sie sind nicht im Zoo. Die Beobachtung des Wunschvogels ist nicht garantiert. Das muss ja auch nicht sein. Genießen Sie einfach ein paar Stunden intakte Natur. Und noch eines: Lassen Sie Ihre

Kinder vorher austoben. Vielleicht besuchen Sie vorab das Maislabyrinth, das gegenüber des „Jardin du Papillon“ liegt. In Ihrem eigenen Interesse sollten Sie die Hinweisschilder, die um Ruhe bitten, beachten sonst sehen Sie die Vögel alle nur davonfliegen.

Auf dem Hinweg hatte ich schon das Schmetterlingshaus erwähnt. Jetzt, auf dem Rückweg wollen wir ihm einen Besuch abstatten. Keine Angst, es ist von innen viel schöner als von außen. Unzählige Schmetterlinge fliegen in einer subtropischen Atmosphäre frei umher. Jeden Tag schlüpfen hier etwa 50 Schmetterlinge. Da die Tiere nur 10 bis 20 Tage in ihrer Farbenpracht leben, findet so ein ständiger Wechsel statt. Sie werden sie beim genauen Hinsehen auch in allen Stadien ihres Lebens finden: gefräßige Raupen und starre Puppen. Wenn Sie kreislaufstabil sind können Sie auf einer Galerie das ganze Szenarium von oben betrachten. Temperatur und Luftfeuchtigkeit sind dort allerdings jenseits von Gut und Böse. Fotografieren war da oben unmöglich: Wenn ich das Objektiv saubergewischt hatte, war der Sucher beschlagen — und umgekehrt.

Keinesfalls sollten Sie es versäumen im Labor einen Blick durch eines der Mikroskope zu werfen. Dort ist der Aufbau eines Schmetterlingflügels in zigfacher Vergrößerung zu bestaunen. Einen Computer finden Sie ebenfalls, der Ihnen Wissenswertes über — na was wohl? — vermitteln will. In einem weiteren Nebenraum sind noch Vitrinen mit Insekten, Spinnen und Skorpionen zu sehen. Es schließt sich

auch noch ein Orchideengarten an, der um ein altes Flugzeug herum angepflanzt ist. Na ja, über Geschmack lässt sich ja streiten.

Im Sommer gibt es Führungen in deutscher Sprache. 1999 betrug der Eintritt 38 FF.

Dem ganzen Ensemble gegenüber liegt noch ein Maislabyrinth, natürlich in Form eines Schmetterlings. Wenn Sie sich für den Rest des Tages verirren wollen, haben Sie dazu jetzt Gelegenheit. Im Sommer erwarten Sie an markanten Punkten noch Zauberer, Jongleure und allerlei Gaukler.

Unser nächstes Ziel sollte eigentlich LA HUME sein. „Kinderparadies“ lese ich in verschiedenen Publikationen. Mittelalterliche Stadt, Künstler und Ritter. Also nichts wie hin! Für 45 FF Eintritt pro Person erwarten uns allerdings nur eine Anzahl von Kunstgewerbeläden und was sich dafür hält. Sie können einem Glasbläser zuschauen und natürlich seine Produkte käuflich erwerben. Auch Steinmetz, Seidenmaler, Holzbildhauer und Scherenschleifer lassen sich über die Schulter schauen, wollen allerdings auch gern etwas verkaufen. Eine mittelmäßige Falknerschau und ein wirklich gut gemachtes Gefecht zweier Ritter, bei dem schon mal die Schwerter mit voller Wucht auf des Gegners Schild treffen runden den Besuch ab. Mein Urteil: Handwerkskunst können Sie sich an vielen Orten kostenlos ansehen und nur um einen Zweikampf zu sehen ist der Eintrittspreis nicht gerechtfertigt.

Die Dune du Pilat

Fahren Sie also weiter mit uns Richtung Meer. Ein Superlativ erwartet uns: Die DUNE DU PILAT. Mit einer Höhe von 114 m ist sie die höchste Europas. Dementsprechend ist auch der Touristenandrang und die daraus resultierende Vermarktung. Vor vielen, vielen Jahren konnten wir noch an einem x-beliebigen Platz in Dünennähe parken. Das ist mittlerweile kaum mehr möglich. Mein Tipp: Nehmen Sie die Gebühr von 30 FF in Kauf und parken Sie auf dem offiziellen „Dünenparkplatz“. Sie brauchen dazu lediglich den Hinweisschildern zur Düne zu folgen und dann zum Parkplatz abzubiegen. Er ist nicht zu verfehlen. Für weitere 30 FF können Sie dort sogar in einem speziell ausgewiesenen Bereich für Wohnmobile übernachten. Leider gibt es keinerlei Ver- und Entsorgungsmöglichkeit. Dafür ist außerhalb der Saison alles kostenlos.

Den gewaltigen Sandhaufen können Sie vom Parkplatz aus über eine Treppe besteigen. Vor Jahren schien mir das nicht die geeignete Methode auf eine Düne zu klettern und wir arbeiteten uns durch den Sand hoch. Dabei rutschten wir bei

„Sommerski“ an der Dune du Pilat

jedem Schritt vorwärts wieder einen dreiviertel Schritt zurück. Die ganze Aktion war dem Familienfrieden nicht förderlich; mittlerweile benutzen wir die Treppe. Die mehr als 150 Stufen bringen Sie bei hochsommerlichen Temperaturen allerdings auch schon außer Puste. Muss ich erzählen, dass Sie von hier oben eine sehr schöne Aussicht haben? Muss ich erwähnen, dass der Sonnenuntergang besonders schön ist? Jährlich können Ihnen das eineinhalb Millionen Menschen bestätigen. Sie merken schon, wenn Sie die Einsamkeit suchen, müssen Sie weit laufen.

Da mir 60 FF für eine Übernachtung zu teuer erscheinen, will ich weiter nach GASTES. Dort kostet eine Nacht 40 FF. Erst kurz vor der Ausfahrt kommt mir mein Mathematikstudium zugute: 30 FF müssen wir sowieso bezahlen, also kostet die Übernachtung nur 30 FF mehr. Ich schreibe die etwas verminderte Denkfähigkeit der herrschenden Hitze zu und drehe eine Runde über den ausgedehnten Parkplatz bis wir wieder im Womobereich stehen. Wir bleiben hier. Die Kasse an der Ausfahrt ist übrigens die ganze Nacht über besetzt. Das alles können Sie natürlich außerhalb der Saison vergessen. Dann sind die Gebührenschilder zugehängt, die Schranken geöffnet und die Kassen geschlossen.

Direkt bei der Ausfahrt ist am Kreisel BISCARROSSE ausgeschildert. Wieder einmal fahren wir durch ausgedehnte Wälder und wieder einmal stehen wir an einem Kreisel vor der Wahl: BISCARROSSE oder BISCARROSSE-PLAGE? Wir entscheiden uns, dem Votum unserer Kinder folgend, für die Touristenversion. Ein Hinweisschild auf eine Ver- und Entsorgungsstation erleichtert mir die Wahl. Auf Seite 224 finden Sie eine genaue Zufahrtsbeschreibung.

Hier finden wir wieder einen ausgedehnten Sandstrand und viele Parkplätze, auf denen allerdings Wohnmobile nachts nicht stehen dürfen. Direkt südlich des Ortes beginnt ein militärisches Sperrgebiet. Aus diesem Grund sind hier besonders viele Soldaten anzutreffen und wir müssen im weiteren Verlauf unserer Tour Abschied von der Küste nehmen und ins Landesinnere fahren. Unser Weg führt uns über BISCARROSSE nach PARENTIS-EN-BORN. Wenn Sie auf die Landkarte schauen werden Sie sehen, dass Sie von dort aus über GASTES direkt nach MIMIZAN fahren können. Ich möchte Sie jedoch gern zu einem Umweg überreden und mit Ihnen das sehenswerte Écomusée de la Grande Lande besichtigen.

Trotzdem möchte ich Sie noch daraufhinweisen, dass es sowohl in PARENTIS als auch in GASTES einen Übernachtungsplatz für Womos gibt. PARENTIS lebt hauptsächlich vom Erdöl, dass im und in der Nähe des *Étang de Biscarrosse et de Parentis* gefördert wird. Vielleicht ist mir dieser See deshalb etwas unsympathisch. Nein, nein, Sie brauchen keine Angst zu haben, dass Sie mit einem Ölfilm überzogen aus dem Wasser kommen. Die Erdölfirmen werden auch nicht müde zu beteuern, dass das Öl viel zu wertvoll sei um auch nur einen Tropfen zu verschwenden. Ein ungutes Gefühl bleibt bei mir trotzdem.

In PARENTIS ist der Platz schon am Ortseingang ausgeschildert. Zuerst geht's nach „Centre Ville", dann in Richtung „Le Lac". Auf diesem Weg taucht rechts ein Hotel auf. Danach fahren wir unmittelbar nach rechts ab und nach etwa 30 m nochmals nach rechts. Eine Ver- und Entsorgungsstation steht gleich an der Einfahrt des von Bäumen umgebenen Platzes. Hier ist Platz für etwa 15 Mobile. Die Verweildauer ist auf 8 Tage begrenzt und gebührenpflichtig. Zu zahlen am camping municipal ganz in der Nähe. Nicht weit entfernt ist auch ein Strand.

Der Platz in GASTES ist schöner, aber nicht so schattig. Er ist leicht zu finden wenn Sie am ersten Kreisel rechts abbiegen und dann immer der Beschilderung folgen. Am See angekommen biegen Sie links ab und werden auf einer Wiese schon einige Womos stehen sehen. Die Übernachtung kostet dort von Juni bis August 40 FF. Platz ist für etwa 40 Wohnmobile vorhanden.

Soviel zu den beiden Plätzen, die ich nur der Vollständigkeit halber erwähne. Wir verlassen PARENTIS-EN-BORN über die D 43 in Richtung N 10. Diese stark befahrene Verbindung zwischen Bordeaux und der spanischen Grenze überqueren wir auf einer Brücke und fahren geradeaus weiter nach PISSOS. Dort lockt uns das „Maison des Artisans", das Haus der Handwerker.

Wenn wir den Ort erreichen fahren wir geradeaus weiter bis zum anderen Ende, Dort biegen wir, einem Schild folgend, nach rechts ab und können schon gleich parken. Hier bieten Handwerker ihre Produkte an. Dem einen oder anderen kann man dabei auch bei der Arbeit zuschauen. Im Gegensatz zu der „mittelalterlichen Stadt" in LA HUME brauchen wir allerdings keinen Eintritt zu bezahlen. Dafür sind die Handwerker jedoch nicht verkleidet. Das Haus ist von April bis September von 15 - 18 Uhr geöffnet. Im Juli und August zusätzlich von 10 - 12 Uhr und abends bis 19 Uhr.

Unsere Kinder werden ungeduldig. Zu viel habe ich schon vom ÉCOMUSÉE DE LA GRANDE LANDE geschwärmt. Es wird Zeit Ihre Erwartungen zu erfüllen. Zurück im Ortskern von PISSOS fahren wir nach links in die N 134 bis nach SABRES. Dort biegen wir in der Ortsmitte nach rechts ab. Der Bahnhof ist auf der rechten Seite jetzt schon sichtbar, auf der anderen Seite der Straße ist ein Parkplatz in einem Wäldchen angelegt, den es jetzt anzusteuern gilt.

Nach MARQUÈZE, wo das Freilichtmuseum liegt, können Sie nämlich nicht mit Ihrem eigenen Fahrzeug fahren. Vielmehr beginnt der Besuch mit der Fahrt in einer Museumseisenbahn. Oft fährt eine Dampflok, wenn der Zug im Sommer allerdings sehr schwer wird, kommt auch schon Mal eine Diesellok zum Einsatz. Deshalb gibt's auf dem Bahnhof eine Fahrkarte, die gleichzeitig Eintrittskarte ist — oder umgekehrt.

Das Museum ist von Anfang April bis Anfang November geöffnet. Der Zug fährt alle 40 Minuten, von Juni bis September ab 10 Uhr bis 17.20 Uhr. In den übrigen Monaten sind die Öffnungs- und Abfahrtszeiten etwas unübersichtlich. Fragen Sie am besten unter Tel. 05 58 07 52 70 nach. 1999 bezahlten wir für Erwachsene 46 FF, für unsere Kinder 30 FF.

Abfahrt des Museumszuges in Sabres

In der einstmals für den Holztransport wichtigen Eisenbahn poltern wir gemächlich bis zu einer Waldlichtung. Dort werden Sie von einem Führer in Empfang genommen, dem Sie sich aber nicht anvertrauen müssen wenn Sie lieber auf eigene Faust die Gegend erkunden wollen. Am Bahnhof haben Sie ein Heftchen erhalten, das Ihnen die Orientierung erleichtert und zudem viel Wissenswertes über die Siedlung zu berichten weiß.

Das ganze Dorf wurde im Lauf der Zeit von seinen Bewohnern verlassen und teilte damit sein Schicksal mit vielen anderen Gemeinwesen. 1968 kaufte der „Parc Naturel Régional des Landes de Gascogne“ das Gelände und begann die noch bestehenden Gebäude zu restaurieren und einige, die an anderen Orten standen, hier neu aufzubauen.

Es wird versucht, die Landwirtschaftsform zum Ende des 19. Jahrhunderts zu rekonstruieren. Und wie das damals funktioniert hat können Sie sich hier sozusagen „live“ anschauen. Da gibt es eine Schafherde, die für die Düngung der Felder sorgt und zudem Wolle und Fell für die Kleidung liefert. Das Getreide wird gedroschen und anschließend mit dem Ochsenkarren zum Müller gefahren, von wo aus dann die Mehlsäcke zum Bäcker gebracht werden. Natürlich können Sie dem beim Backen zuschauen und die leckeren Produkte gleich käuflich erwerben. Ein Genuss nach wochenlangem

Ochsenkarren in Marquèze

Das Haus des Müllers und die Mühle

Verzehr von Weißbrot! In dem Wald ist außerdem noch die Harzgewinnung zu beobachten. Der ganze Zusammenhang ist in einer Scheune sehr übersichtlich erklärt.

Überhaupt sollten Sie in jedes Haus mal reinschauen, sie sind größtenteils stilgerecht möbliert. Besonders fasziniert war ich von der Funktion der Mühle. Das Wasser strömt dabei auf das waagrecht (!) liegende Mühlrad.

Die Führung dauert zwischen eineinhalb und zwei Stunden. Auf eigene Faust haben wir gut und gerne drei Stunden hier verbracht. Das sollten Sie berücksichtigen, wenn Sie einen Besuch planen. Nach Abfahrt des letzten Zuges in Richtung SABRES müssen Sie die knapp 5 Kilometer zu Fuß auf den Bahnschwellen zurücklegen.

Zurück am Womo hören wir den *Atlantik* wieder rufen. Also fahren wir nach Westen, vom Parkplatz kommend also nach links. Wir überqueren nochmals die N 10 und folgen dann den Schildern nach MIMIZAN und von dort aus nach MIMIZAN-PLAGE. Hier erwartet uns der herbeigesehnte Strand. Direkt daneben liegt ein Übernachtungsplatz mit gleich zwei Ver- und Entsorgungsstation nebeneinander. Die entsprechenden Hinweisschilder stehen schon in MIMIZAN. Hier ist Platz für 70 Womos mit einer straffen Organisation. Auf einer Tafel ist viersprachig erklärt was erlaubt und verboten ist. Für die deutsche Übersetzung hat man sich scheinbar einen deutschen Amtsschimmel ausgeborgt. Sie liest sich wie eine „Verordnung zur Benutzung des Platzes zum Übernachten für selbstfahrende Campingaufbauten (im folgenden Reisemobile genannt)". Wirklich lesenswert!

Nach der Lektüre fühle ich schon zwei stechende Polizistenblicke im Rücken, da ich den Parkscheinautomaten, der mir für lächerliche 65 FF ein 24-stündiges sorgenfreies Verweilen garantiert, noch nicht gefüttert habe. Das ist mir für den tristen Asphaltplatz, so nah er auch am Meer liegen mag, schlicht und einfach zuviel. CONTIS-PLAGE ist nur 30 km entfernt, wir fahren weiter.

Auch hier gibt es wieder einen gut ausgeschilderten Übernachtungsplatz. Die Schilder sind zwar etwas kleiner aber trotzdem gut zu sehen. Der Ort und der Platz sind ebenfalls etwas kleiner und mir allein dadurch schon sympathischer. Zudem liegt er in einem Waldstreifen, der wenigsten zu bestimmten Zeiten etwas Schatten verspricht. In einer Ecke steht noch eine schwer zugängliche Ver- und Entsorgungsstation. Bis zum Meer sind es etwa 300 Meter, Düne hinauf und wieder runter. Der Strand ist verglichen mit MIMIZAN erfreulich leer. Allerdings ist man auch hier während der Saison mit den Gebühren nicht zimperlich: 60 FF wurden 1999 verlangt. Trotzdem bleiben wir hier, wir sind für heute genug gefahren. Und ein bisschen Abkühlung ist jetzt auch nötig.

Wenn Sie jetzt befürchten, Sie lesen auf den restlichen Seiten dieses Buches nur noch etwas über überfüllte Womo-Stellplätze die auch noch überteuert sind, möchte ich Sie beruhigen. Sobald wir in Tour 4 die Küstenregion verlassen und in das überaus sehenswerte Hinterland kommen, werden die Stellplätze zwar etwas rarer, dafür schöner und kosten meist nichts. Lediglich für Wasser oder Strom müssen Sie zahlen. Aber bis zum Ende dieser Tour müssen Sie mit den Preisen leben!

Nach einer ruhigen Nacht zieht es uns weiter nach Süden. Über ST-JULIEN-EN-BORN und ST-GIRONS erreichen wir LÉON. Der Ort liegt am *Étang de Léon*, den wir uns anschauen möchten. Nach dem „Intermarché" nehmen wir die erste Straße nach rechts. An einem Campingplatz vorbeifahrend erreichen wir schließlich den See. Auf den ersten Blick gefällt er uns recht gut. Große Parkplatzschilder zeigen nach links und es ist sogar ein eigener Womo-Parkplatz ausgewiesen. Leider entpuppt er sich als Enttäuschung. Größere Fahrzeuge haben schon bei der Einfahrt Probleme, hohe Mobile müssen ständig auf herunterhängende Äste achten. Zwar darf man hier 48 Stunden stehen, aber was da an Ver- und Entsorgungseinrichtungen angeboten wird ist etwas dürftig. 2 Wasserhähne und ein betonierter Kasten mit einem Deckel drauf zum Entsorgen sind keinesfalls 50 FF pro Nacht wert. Hier kann man höchstens parken um am See zu baden oder zu spazieren.

Von LÉON aus fahren wir weiter nach VIEUX-BOUCAU. Hier ist der Womo-Platz etwas freundlicher und auch etwas preiswerter. 40 FF bezahlt man während der Saison, ansonsten 20 FF. Zu finden ist er ganz leicht: Sie folgen einfach der Straße nach HOSSEGOR oder CAPBRETON bis zum Ortsende-Schild von VIEUX-BOUCAU. Danach biegen Sie sofort rechts in die nächste Straße ein und fahren in einem Bogen auf einen Parkplatz. Etwas verwirrend ist ein Schild, das gleich an der Einfahrt ein Parkverbot für Wohnmobile verheißt. In Wirklichkeit ist ein Teil des Platzes speziell für Reisemobile reserviert. Fahren Sie einfach den Schildern nach. Die Ver- und Entsorgungsanlage ist großzügig ausgelegt. Allerdings ist der Untergrund im Frühjahr und Herbst matschig. Ein Franzose hatte im Oktober 1999 nach einem Regentag einen Zettel an die Infowand geklebt: „20 FF sind O.K.. — Allerdings für einen Stellplatz, nicht für einen See."

Apropos „See": Sie können von hier aus zum *Étang de Pinsolle*, zum künstlich angelegten *Lac Marin* und zum *Atlantik* gehen. Zum Ortszentrum kommen Sie, wenn Sie am *Lac Marin* entlanggehen und dann durch die Fußgängerzone „Promenade du Mail" flanieren.

Bis CAPBRETON, dem Ende unserer Tour, sind es noch knapp 20 km, die wir in einem Rutsch hinter uns bringen wollen. Etwas überrascht bin ich, als unvermittelt auf freier Strecke zwischen beiden Orten ein Hinweisschild auf einen Womo-Stellplatz auftaucht. Direkt neben der Straße wurde ein Stück Wald gerodet und ein Rundweg asphaltiert. Wenn die Geschichte mal fertig ist, kann es durchaus schön werden. Die Ver- und Entsorgungsstation ist sowohl vom Platz aus, als auch von der Straße aus anzufahren. Eine gute Idee. Ich frage mich allerdings, warum ein solches Gelände an einer so unattraktiven Stelle angelegt wird. Weit und breit ist nichts als Wald und Straße. Ich weiß noch nicht mal welchem Ort ich ihn zuordnen soll. Im Service-Teil steht er unter HOSSEGOR. Das einzige was im Herbst 1999 funktionierte waren die Nachtbeleuchtung und der Horodateur. Er wollte 45 FF pro Nacht.

Stellplatz in Capbreton

Wir folgen weiterhin der Straße nach CAPBRETON, damit ich dieses Kapitel zu Ende bringen kann. Orientieren Sie sich zuerst an den Schildern zur „Centre Ville“ und achten Sie dann auf die Hinweise zum „Plage“ oder — noch besser — „Les Vignes“. Dann werden Ihnen die Womo-Schilder auffallen. Außerhalb der Saison gehört der Platz zu meinen Favoriten. Im Sommer ist er hoffnungslos überfüllt. 100 Meter Fußweg zu einem riesigen Strand machen ihn natürlich auch besonders beliebt. Und wer noch einen Platz findet zahlt die 35 FF gern. Im Frühjahr und Herbst kostet's nichts und wie Sie oben sehen ist dann auch noch der eine oder andere Stellplatz zu finden.

TOUR 4 (116 km)

Capbreton — BayonneAngletBiarritz — La Rhune — St-Jean-Pied-de-Port

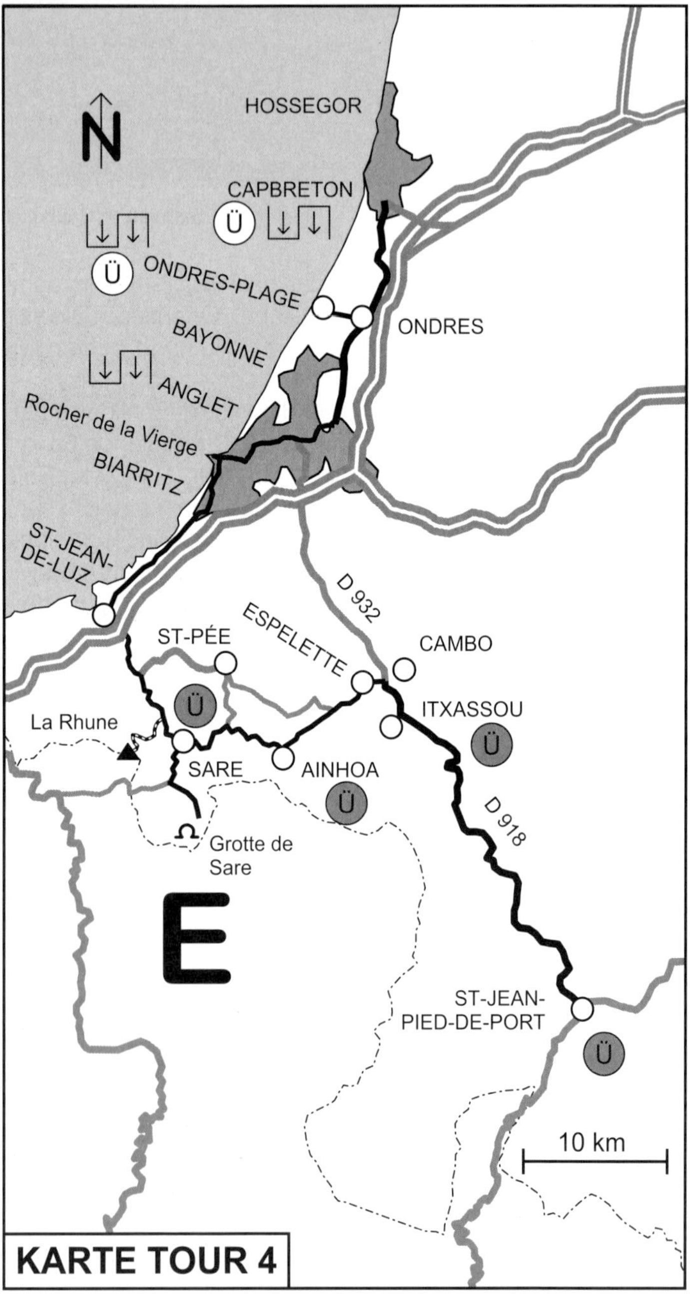

Übernachten:	Capbreton, Ondres-Plage, Sare, Aïnhoa, Itxassou, St-Jean-Pied-de-Port
Besichtigen:	Rocher de la Vierge, La Rhune, Aïnhoa, Itxassou, St-Jean-Pied-de-Port
Wandern:	La Rhune, Von Itxassou zum Pas de Roland
Baden:	Ondres-Plage, St-Jean-de-Luz
Markt:	Bayonne (Mo. - Sa.), Espelette (Mi.), St-Jean-Pied-de-Port (Mo.)

Auf dieser Tour wollen wir uns endgültig vom *Atlantik* verabschieden. Ich kann Ihnen aber versprechen, dass das Hinterland viel interessanter ist als eine unzählige Reihe von Stränden. Vor allem aber ist es abwechslungsreicher. Wir bleiben jedoch in Reichweite zum Wasser. Wenn Ihnen mein weiteres Programm zu trocken wird können Sie jederzeit in höchstens zwei Stunden einen Abstecher zum Strand machen. Es muss ja nicht immer der Ozean sein. Die *Dordogne*, die uns ab Tour 8 immer wieder mal begleitet, hat schöne Badestrände anzubieten.

Aber so weit sind wir ja noch nicht. Wir waren in CAPBRETON stehen geblieben und unsere Route führt uns weiter nach Süden. Wir orientieren uns zum Agglomerat aus BAYONNE, ANGLET und BIARRITZ hin. Keiner dieser Städte kann ich etwas abgewinnen, sie sind mir zu hektisch. Deshalb ist noch einmal Rast angesagt und zwar in ONDRES-PLAGE. Der große Parkplatzes direkt am Strand ist dreigeteilt. Das linke Drittel ist für Wohnmobile reserviert. 50 bis 60 Womos passen da schon hin. Die Nacht kostet 40 FF. Die Ver- und Entsorgungsstation ist groteskerweise auf dem rechten Drittel des Platzes und wird außerhalb der Saison abgebaut. Der Strand wirft uns nicht gerade vom Hocker, aber unseren Kindern zuliebe halten wir es einen halben Tag lang aus.

Es ist soweit: Das Projekt BAYONNE/ANGLET/BIARRITZ wird in Angriff genommen. Im Sommer ergeht es uns oft so, dass wir in BAYONNE vom Verkehrsstrom aufgesogen werden und am Ende von BIARRITZ wieder ausgeworfen werden, ohne zwischendrin auch nur die Chance haben einen Parkplatz zu finden. Für einen PKW ist das schon eine Glücksache, für uns mit unseren größeren Fahrzeugen schon fast eine Unmöglichkeit. Ich gehe also davon aus, dass Sie im Frühjahr oder

Herbst reisen oder ein Glückspilz sind und in der Nähe der Kathedrale einen Parkplatz gefunden haben. Wenn der gar noch am Ufer der *Nive* liegt, ist das optimal. Die *Nive* ist der kleinere der beiden Flüsse, die durch BAYONNE fließen, sie begegnet uns übrigens am Ende dieser Tour wieder.

In der Umgebung der Cathédrale Ste-Marie gibt es einige Straßen, die zur Fußgängerzone ausgebaut sind. Dort schlendern wir ein bisschen herum, weil die Kathedrale gerade Mittagspause macht. Auf diese Weise kommen wir auch am Château Vieux vorbei, das heute eine Militärverwaltung beherbergt und erreichen bald darauf den Jardin botanique. 1000 exotische Pflanzen sollen hier zu sehen sein. Ich habe sie nicht gezählt. Es macht aber auf jeden Fall Spaß in diesem Garten nach japanischem Muster spazieren zu gehen. Sie können jetzt auch die Stadtmauern sehen. Hier treffen wir wieder auf meinen Freund Vauban, er hat sie im 17. Jahrhundert erneuert.

Mittlerweile hat die Kathedrale wieder geöffnet und wir statten ihr einen Besuch ab. Sie wurde im 13. Jahrhundert begonnen, dann folgten 3 Jahrhunderte Bauphase. Berühmt ist sie für ihre Glasfenster und die Schlusssteine der Kreuzrippengewölbe. Wesentlich besser gefällt mir jedoch der Kreuzgang, den Sie nur von außen erreichen. Wenn Sie aus der Kirche kommen, müssen Sie nach rechts gehen. Eine kleine

Kreuzgang der Kathedrale in Bayonne

Geschichte möchte ich noch loswerden: Am Nordportal sehen Sie eine Tierschnauze, mit einem ringförmigen Türklopfer. Er wird „Asylring“ genannt, weil ein Verfolgter nur seinen Finger durch den Ring zu stecken brauchte und dann das Kirchenasyl für sich in Anspruch nehmen konnte.

Natürlich gibt es noch viel mehr über BAYONNE zu berichten. Zum Beispiel, dass es den hier ansässigen Waffenschmieden zu verdanken ist, dass es das Bajonett gibt. Aber auch für weniger kriegerische Dinge ist die Stadt berühmt. Da wäre vor allem der Schinken zu nennen. Der Legende zufolge stürzte ein Wildschwein in eine salzhaltige Quelle. Monate später fand man das Tier — perfekt konserviert. Also wurde fortan der Schinken kräftig gesalzen und dadurch zur Spezialität. Ab 2002 wird der Produktname „Jambon de Bayonne“ europaweit geschützt, so dass Sie sicher sein können, dass Ihr echt Bayonnaiser Schinken nicht aus Skandinavien kommt. Noch einen Leckerbissen gibt es aus BAYONNE: die Schokolade. Im 18. Jahrhundert wurde BAYONNE zu einer wichtigen Stadt für Kakaoimport. Was lag da näher als ihn gleich weiterzuverarbeiten?

Mit Schinken und Schokolade versorgt (die Bajonette brauchen wir weniger) gehen wir uns zum Womo zurück. Den nächsten Stopp planen wir in BIARRITZ. Wenn Sie vorher noch ver- oder entsorgen möchten, können Sie das in ANGLET tun. Lesen Sie dazu die Zufahrtsbeschreibung auf Seite 224. Die Parksituation in BIARRITZ ist natürlich genauso katastrophal

Grand Plage von Biarritz — Handy ist Pflicht

wie in BAYONNE, von daher gilt das Eingangs geschriebene auch hier. Die Stadt lebt von einem längst vergangenen legendären Ruf, der sich bis heute aus mir unerklärlichen Gründen gehalten hat. Ich kann BIARRITZ nichts abgewinnen. Der Rocher de la Vierge ist recht schön anzuschauen. Sie können auf einem Steg zur Jungfrau gehen, der von keinem geringeren als Herrn Eiffel gebaut wurde. Von hier aus haben Sie einen schönen Blick über die Strände — theoretisch. Der Felsen ist zwar gut ausgeschildert, aber fragen Sie mich bitte nicht, wo Sie parken sollen.

Haben Sie sich gar dazu hinreißen lassen, der Küstenstraße nach dem Felsen weiter zu folgen und durch das Felsentor zu fahren? Dann kommen Sie zwar zu einem schönen Strand,

Biarritz — Rocher de la Vierge

müssen allerdings am Ende der Straße wenden und wieder zurückfahren. Irgendjemand muss das Schild „Sackgasse" gestohlen haben...

Verlassen Sie BIARRITZ mit uns in Richtung ST-JEAN-DE-LUZ. Wenn Sie nochmal im *Atlantik* baden wollen haben Sie dort zum letzten Mal Gelegenheit, vorausgesetzt Sie folgen weiterhin meiner Route.

Einen Strand müssen Sie sich in ST-JEAN-DE-LUZ schon selbst suchen, denn wir biegen kurz nach dem Ortseingang nach links ab. ASCAIN ist dort ausgeschildert. Und in dieser Richtung führt uns die Straße in die PYRENÄEN. Mit Stränden ist da in nächster Zeit nicht mehr zu rechnen. Ganz im Gegenteil: wir wollen hoch hinaus, auf den „Heiligen Berg" der Basken, „La Rhune".

Dazu biegen wir in ASCAIN rechts ab. Jetzt geht's aufwärts. Die Beschilderung ist gut, so dass wir den COL DE ST-IGNACE leicht finden. Weniger leicht finden wir hier oben einen Parkplatz. Ich sollte vorausschicken, dass wir hier am Pass in eine Zahnradbahn umsteigen wollen um zum Gipfel zu kommen. Offen gestanden war ich bereits innerhalb eines Jahres drei Mal an der Bahnstation und konnte keine Fahrkarte erstehen. An Ostern machten die Spanier einen Ausflug hierher. Keine Chance noch ein Ticket zu erwerben. Im Sommer war unser Versuch sowieso nur halbherzig, da wir schon vermuteten, dass wir kein Glück haben würden. Langsam fuhren wir zwischen den links und rechts am Weg parkenden Fahrzeugen vorbei. Die Schlange am Fahrkartenschalter wand sich einmal um den großzügig angelegten Parkplatz und verschlang sich dann selbst. Meine Hoffnungen setzte ich auf den Herbst. Doch auch da wurde ich enttäuscht. Fazit: Fahren Sie weiter nach SARE, übernachten Sie dort und versuchen Sie am nächsten morgen um 9 Uhr wieder oben am Pass zu sein. Auf diese Weise ist es mir gelungen auf den Berg zu fahren. Trotz aller Hindernisse muss ich sagen, dass es sich gelohnt hat.

40 FF kostet die einfache Fahrt, wenn Sie noch 20 FF drauflegen kommen Sie auch wieder zurück. 731 Höhenmeter überwindet die alte Bahn. Gleich nach der Fahrt aus dem Bahnhof geht es steil aufwärts. Nach kurzer Fahrt können wir bereits bis zum Atlantik schauen. ST-JEAN-DE-LUZ ist deutlich zu erkennen. Allerdings habe ich mit einer optischen Täuschung zu kämpfen: Da man sich relativ schnell an die starke Steigung gewöhnt hat, wird der Waggon zum normalen Be-

Bahnhof der Zahnradbahn am Col de St-Ignace

zugspunkt. Beim Blick durch das Fenster auf den *Atlantik* verläuft der Horizont ganz eindeutig von links unten nach rechts oben. Da er das nicht tun darf, sollte es für einen intelligenten Menschen ganz einfach sein, den Horizont als waagrechte Bezugslinie anzunehmen und sich somit der extremen Neigung des Waggons bewusst zu werden. Ich muss gestehen, dass ich auf der „Bergseite“ sitzend große Schwierigkeiten hatte diese beiden Bilder zu koordinieren. Um mich herum viele Personen, die normalerweise in aufrechter Haltung auf waagrechten Bänken sitzen, dann ein Fenster, das im richtigen Leben aus vertikalen und horizontalen Begrenzungen besteht, und dahinter dann der schiefe Horizont, der gefälligst waagrecht zu verlaufen hat. In einem Selbstversuch habe ich mich auf der Rückfahrt auf die „Meerseite“ gesetzt. Dort ließ sich mein Gehirn wesentlich leichter von der Gültigkeit physikalischer Gesetze überzeugen. Aus dem Fenster blickend hatte ich nur die Natur vor Augen, nach einer Kopfwendung konnte ich wieder in die schiefe Welt des Wagens eintauchen.

Der Berg hat mit seinen 900 m eigentlich noch kein Pyrenäenniveau, bietet aber trotzdem eine gute Aussicht, da er sehr nahe am Ozean liegt. Hier oben können Sie auch auf der französisch-spanischen Grenze balancieren. Sie ist durch eine gelbe Lilie vor einer Bar gekennzeichnet. Die paar Häuser

Auf dem Gipfel von La Rhune

sind durchwegs Gastronomiebetriebe oder Souvenirläden. Nachdem Sie die Aussicht gebührend bewundert haben, können Sie noch einen kleinen Spaziergang unternehmen. Verpassen Sie aber nicht die letzte Bahn ins Tal.

Zurückgekehrt zum COL DE ST-IGNACE fahren wir weiter nach SARE. Der Ort war das Schmugglerparadies im BASKENLAND. Da der Beruf heute so gut wie ausgestorben ist, war man gut beraten sich auf das zweite Attribut des Ortes zu besinnen, nämlich die „Hölle der Ringeltauben" zu sein. Dazu muss man wissen, dass diese Vögel auf ihrem Zug nach Süden hier in der Nähe die PYRENÄEN überqueren. Die Basken jagen die Tauben mit großer Leidenschaft und ziehen jedes Jahr im Oktober mit Begeisterung, Baguette und noch mehr vin rouge in ihre Palombières ein. Das sind Unterstände, von denen aus die Jäger ein komplizierten Geflecht aus Stricken und Netzen bedienen in dem die Ringeltauben schließlich gefangen werden und die das ganze Jahr über liebevoll instandgehalten werden. In den Zeitungen stehen dann neben dem Wetterbericht auch die Menge der Schwärme mit der Anzahl der einzelnen Vögel, die irgendwann irgendwo gesehen wurden.

Aber aus diesen Gründen wollen wir SARE nicht besuchen. Vielmehr gibt es hier eine Übernachtungsmöglichkeit und südlich des Ortes die GROTTE DE SARE. Beginnen wir mit dem Schlafplatz: Bei der Einfahrt in den Ort wird Ihnen eine Engstelle auffallen. Gleich danach sehen Sie einen Parkplatz mit einem Fronton, das ist die Wand, die man braucht um Pelota zu spielen. Vor dem Platz biegen Sie rechts ab und fahren ein paar hundert Meter geradeaus. Dann biegt die Straße rechts ab und Sie fahren fast schon aus dem Ort heraus. Danach sehen Sie ein Parkplatzschild, dem Sie — wieder einmal — nach rechts folgen. Wenn nicht gerade eine Sportveranstaltung stattfindet können Sie ruhig und im oberen Bereich des Platzes auch einigermaßen gerade stehen.

Im weiteren Verlauf unserer Reise werden wir noch an vielen Höhlen vorbeikommen. Sie müssen schon ein ausgesprochener Höhlenfan sein wenn Sie alle besuchen wollen. Ich werde auf unseren Touren vier völlig unterschiedliche Grotten beschrieben. Anfangen möchte ich mit der GROTTE DE SARE. Vom Ort aus fahren wir vom Parkplatz in der Dorfmitte (am Fronton) die ansteigende Straße an der Längsseite des Platzes hoch. Ab dem nächsten Kreisel brauchen wir immer nur den Schildern zu folgen. Ein einziges Mal müssen

Eingang der Grotte de Sare

wir aufpassen und links abbiegen ansonsten sind die Wegweiser gut zu sehen. Die letzten Meter vor dem Parkplatz an der Grotte sind mühsam. Es geht ziemlich steil hoch.

Die Höhle ist von Ostern bis Ende September von 10 bis 18 Uhr geöffnet, im Juli und August sogar von 9.30 bis 20 Uhr. 1999 bezahlten wir 35 FF pro Erwachsener und 15 FF pro Kind. Außerhalb der oben genannten Monate sind die Öffnungszeiten dermaßen zerstückelt, dass Sie am besten in Sare beim Touristenbüro in der Nähe des Ortszentrums nachfragen.

Die GROTTE DE SARE fällt in meiner persönlichen Beurteilung unter die Kategorie „Hi-Tech-Höhle“. Deshalb möchte ich Sie kurz vorwarnen. Wenn Sie kein Freund technischer Spielereien sind, sollte ich Ihnen von einem Besuch abraten. Napoleon III. besichtigte mit seiner Eugénie die Grotte noch mit Fackeln. Das ist heute passee. Wir folgen dem blau erleuchteten Weg durch die Höhle und lassen uns von Diaprojektionen und ständig wechselnden Geräuschen und Erläuterungen verwirren. Sehenswert ist sie jedoch allemal; Sie wissen ja jetzt, was Sie erwartet.

Wir fahren weiter und zwar zuerst einmal wieder zurück in Richtung SARE, aber nur bis zu dem Kreisel, bei dem rechts AÏNHOA ausgeschildert ist. Dort biegen wir rechts ab. 10 Kilometer später haben wir den mittelalterlichen Ort erreicht. Er

Typische Häuser und untypische Bananen in Aïnhoa

gilt in allen Reiseführern als der typische baskische Vorzeigeort — und das mit Recht. Hier finden Sie typisch baskische Häuser, einen typisch baskischen Friedhof und eine typisch baskische Kirche. Ich zeige Ihnen jetzt einen Übernachtungsplatz und möchte anschließend einen Spaziergang mit Ihnen durch den Ort machen. In AÏNHOA kann ich Ihnen alles erklären, was für die nächsten Orte auch zutrifft und brauche mich daher nicht zu wiederholen. Zuerst fahren Sie mit uns ein paar hundert Meter in den Ort hinein und achten auf das Parkplatzschild, das Sie nach links lotst. Im unteren Teil des unbefestigten Platzes haben wir schon mehrfach übernachtet. Nach meiner Definition ist das allerdings ein „grauer" Übernachtungsplatz. Strapazieren Sie nicht die Nachsicht der Verwaltung. Mehr als drei Wohnmobile werden dort sicherlich mit der

Zeit auf wenig Gegenliebe stoßen und Verbote provozieren. In ITXASSOU (11 km) und ST-JEAN-PIED-DE-PORT (41 km) gibt es weitere Schlafplätze.

Wenn Sie jetzt am Parkplatz zur Hauptstraße hochgehen kommen Sie direkt zur Kirche. Wir gehen allerdings zuerst nach links und wollen etwas durch den Ort schlendern ehe wir uns der Kultur zuwenden. Besonders gefallen uns die schönen Häuser, die die Straße säumen. Warum es hier Bananen gibt konnte mir kein Reiseführer erklären. Die Einheimischen

Aïnhoa

erzählten etwas von mildem Klima, was mir schon klar war. Aber warum ausgerechnet hier? Keine Ahnung! Sind Sie mit der Besichtigung fertig und stehen wieder in der Nähe der Kirche? Dann beginnen wir jetzt mit dem kulturellen Teil.

Diskoidale Stelen auf dem Friedhof von Aïnhoa

Wenn Sie von der Rue Principale (der Hauptstraße) die Treppen zur Kirche hochgehen, kommen Sie zuerst auf den Friedhof. Hier gibt es wunderschöne diskoidale Stelen zu bewundern. Sie haben die selbe Funktion wie bei uns die Grabsteine. Häufig sind sie mit dem Baskenkreuz geschmückt. Es lohnt sich, ein wenig zwischen den Gräbern entlangzugehen, die Steine sind sehenswert.

Unser nächster Besuch gilt der Kirche. Auffallend sind im Inneren gleich die Galerien. Dort saßen früher (vielleicht auch heute noch?) die Männer, während die Frauen und Kinder im Parterre Platz nahmen. Diese Galerien werden Sie auch noch in vielen anderen baskischen Gotteshäusern antreffen. Zum Beispiel auch in ITXASSOU, unserem nächsten Ziel.

Nördlich der Kirche schließt sich der Pelota-Platz an, der sofort durch die große Mauer (Fronton) auffällt. Bei diesem Spiel wird ein kleiner Ball abwechselnd von den Spielern gegen die Wand geschlagen. Das geschieht entweder mit der bloßen Hand oder einem speziell geformten geflochtenen Korb (Chistera), der wie ein Handschuh benutzt wird. Dazwischen gibt es noch mehrere Varianten mit unterschiedlichen Bällen und verschiedenen Handschuhen. Der zurückprallen-

Pelota

de Ball wird mit der Chistera aufgenommen und sofort weitergeschleudert. Er wird dabei nicht angehalten, sondern rollt durch das halbkreisförmige Korbgeflecht und wird durch die Wucht des Armes nochmals beschleunigt. Damit ist Pelota eines der schnellsten Spiele der Welt. Bei der Variante „Cesta Punta“, die hier beschrieben wurde, erreicht der Ball Geschwindigkeiten bis zu 210 km/h.

Mittlerweile haben wir das meiste im Ort gesehen und wollen uns auf die Weiterfahrt machen. Den Ort verlassen wir dort, wo wir auch hineingefahren sind, richten uns dann allerdings nach den Schildern nach ESPELETTE.

Eine große Rolle in dem Ort spielen die beiden Ps: Piment und Pottoks. Der Piment hängt an vielen Häusern an der Fassade zum Trocknen. Wir haben ihn daher schon oft gesehen, konnten uns allerdings keinen Reim darauf machen, um was es sich dabei genau handelt. In verschiedenen Reiseführern wird mal von Paprikaschoten, mal von Pfefferschoten gesprochen. Also habe ich ein hochwissenschaftliches Werk zu Rate gezogen und gelernt, dass es sich um „Nelkenpfeffer“ handelt, „die vor der Reife gepflückten und getrockneten Beeren des Pimentbaumes, die als Gewürz ähnlich wie getrocknete Pfefferkörner verwendet werden“. Die Pottoks sind kurzbeinige Pferde, die auf den umliegenden Weiden gezüchtet werden. Beide Ps haben natürlich ihr lokales Fest. Näheres dazu im Service-Teil ab Seite 222. Die Schokoladenfabrik direkt am Parkplatz in der Ortsmitte fängt zwar nicht mit P an,

Piment an einem Haus in Espelette

ist jedochvor allem für unsere Kinder interessant, da sie täglich ab 10.30 Uhr im Stundenrhythmus besichtigt werden kann. Und wie das bei einer Besichtigung so ist, wird natürlich auch die eine oder andere Probe angeboten.

Am Parkplatz gehen drei Straßen ab. Um nach ITXASSOU zu kommen haben Sie zwei Möglichkeiten. Sie können dem Schild direkt am Parkplatz folgen und kommen über eine schöne aber sehr enge Straße in den Ort oder Sie fahren Richtung CAMBO-LES-BAINS und biegen kurz vor dem Ort in die D 932 nach ST-JEAN-PIED-DE-PORT ein. Die müssen Sie dann nach 3,5 km nach rechts verlassen um nach ITXASSOU hineinzufahren. Von woher Sie auch kommen, Sie passieren zuerst den Fronton und erreichen schließlich eine Straßengabelung. Hier nehmen wir den rechten Weg und biegen gleich darauf wieder nach rechts ab. Ein Schild zeigt zur „école“ und zur „église“. Dort wollen wir hin. Die Kirche erreichen wir nach einer lustigen Berg- und Talfahrt. Direkt nebenan liegt ein Parkplatz. Im mittleren Bereich stehen wir ziemlich gerade und können hier auch ungestört übernachten.

Unser Besuch gilt zuerst dem Friedhof und der Kirche. Das Wichtigste hierzu habe ich bereits in AÏNHOA erklärt. Auch hier

Gedenkstein in Itxassou

gibt es schöne diskoidale Stelen und die Kirche setzt sogar noch eins drauf, was die Anzahl der Galerien betrifft. Ein Besuch lohnt sich auch wegen der Kanzel mit ihren Goldbelägen.

Neben der Kirche ist noch ein Gedenkstein zu bewundern. Auf ihm stehen in baskischer Sprache die Forderungen der Enbata, einer autonomistischen Organisation, die 1974 vom französischen Innenminister verboten wurde.

Wenn Sie wollen, können Sie jetzt noch ein bisschen mit uns spazieren gehen. Wir wollen zum „Pas de Roland“, einem Felsen mit einem Loch, das der sagenhafte Roland mit seinem berühmten Schwert eigenhändig geschlagen hat. Er wollte vor den Basken und Mauren nach Norden fliehen und hat seine Männer durch das Loch im Felsen geführt. Sagen Sie jetzt nicht, dass er auch hätte um den Felsen herumgehen können. Ein Held bei der Arbeit soll man nicht kritisieren! Die denkwürdige Stelle erreichen Sie, wenn Sie mit uns auf dem Weg weitergehen, auf dem wir hergekommen sind. Wir erreichen dann die *Nive* und gehen nach rechts. Immer dem Wasserlauf folgend erreichen wir schließlich den „Pas de Roland“. Zurück geht's auf dem selben Weg.

Denken Sie daran, dass der Übernachtungsplatz an der Kirche ein „grauer“ ist. Derjenige in ST-JEAN-PIED-DE-PORT, unserem nächsten Ziel, ist zwar ebenfalls nicht offiziell, aber aus irgendeinem Grund etabliert. Dort stehen ständig mehrere Womos, und der Platz verkraftet die auch.

Zum Weiterfahren nehmen wir noch einmal die Berg- und Talfahrt auf uns und biegen bei der Einmündung in die nächst größere Straße nach rechts ab. Wir erreichen dann die D 918, der wir bis ST-JEAN-PIED-DE-PORT folgen. Wir passieren dort ein Stadttor und fahren am nächsten (Mini-)Kreisel nach rechts. Die Straße führt steil hoch und wir kommen schon wieder an der Wehrmauer vorbei. Rechts sehen wir jetzt die Markthalle, links geht's zu einem Parkplatz direkt an der Stadtmauer. Hier stehen fast immer einige Wohnmobile. Den Platz, der gegenüber einer Schule liegt, habe ich bereits in meinem Pyrenäenbuch erwähnt und aus Leserreaktionen erfahren, dass außerhalb der Schulferien morgens mit Lärm zu rechnen ist. Ich selbst habe die Erfahrung noch nicht gemacht, da ich immer in den Ferien unterwegs bin.

Musiker in St-Jean-Pied-de-Port

Da ST-JEAN zu meinen Lieblingsorten zählt, würde ich wahrscheinlich auch jeden Rummel in Kauf nehmen. Der Ort hat mich allerdings auch in jeder Hinsicht verwöhnt. Kaum ein Besuch, bei dem nicht irgend etwas los war. Ein Bauernmarkt, ein baskisches Fest, eine Folklore-Tanzveranstaltung, ein Trachtenumzug, eine malerische Prozession, man gibt sich Mühe mit den Touristen.

Lassen Sie mich also versuchen auch Sie in den Bann des Ortes zu ziehen. Dazu möchte ich zuerst mit Ihnen zum

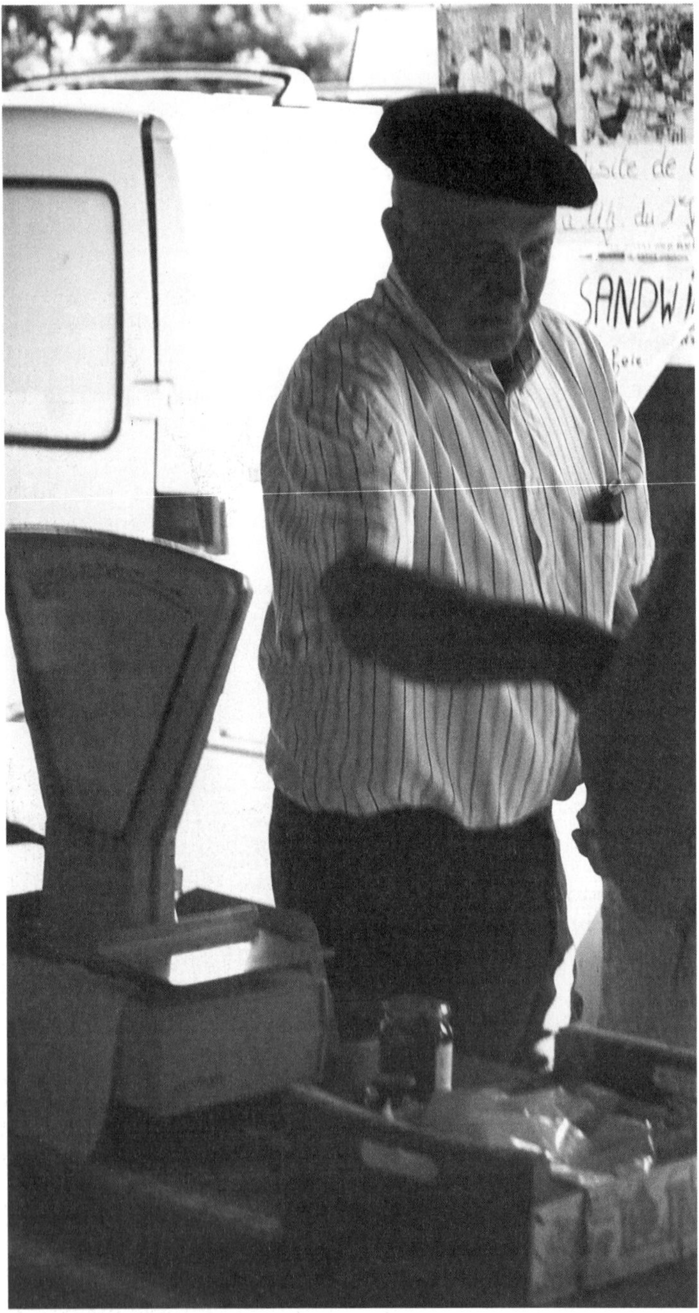

Markt in St-Jean-Pied-de-Port

Zentrum des Städtchens gehen. Wir kommen dabei natürlich an der schon erwähnten Markthalle vorbei. Sollte hier gerade Markt sein dürfen Sie sich das keinesfalls entgehen lassen.

Unzählige Käsearten, verschiedene Schinken, getrocknete Würste, baskische Kuchen, diverse Weinsorten und allerlei mehr wartet darauf, von Ihnen probiert zu werden. Durch die Rue Zuharpeta kommen wir zu dem Minikreisel an dem wir abgebogen sind. Mehr oder weniger geradeaus erreichen wir die Brücke über die *Nive*. Rechts können Sie den Blick auf die alte *Nive*-Brücke genießen, die in jedem Reiseführer abgebildet ist.

Nach der Brücke sollten Sie sich nach rechts orientieren und durch die Fußgängerzone schlendern. Ein Tipp: Besonders originelle T-Shirts und CDs mit baskischer Musik gibt's bei KUKUXKA in der Rue de la Citadelle Nummer 3. Da ich gerade von Zitadelle rede: Hoch über dem Städtchen thront eine Festung bei der natürlich wieder Vauban seine Hand im Spiel gehabt hat. Sie ist nicht zu besichtigen, aber von deren Hof hat man einen sehr schönen Blick über die Stadt und die umliegenden Berge. Den Aufstieg können Sie über 207 Stufen von der Kirche aus in Angriff nehmen. Dazu gehen Sie zwischen dem Gotteshaus und der *Nive* ein Stück an deren Ufer entlang, dann sehen Sie die Stufen schon auf der linken Seite.

Folklorefest in St-Jean-Pied-de-Port

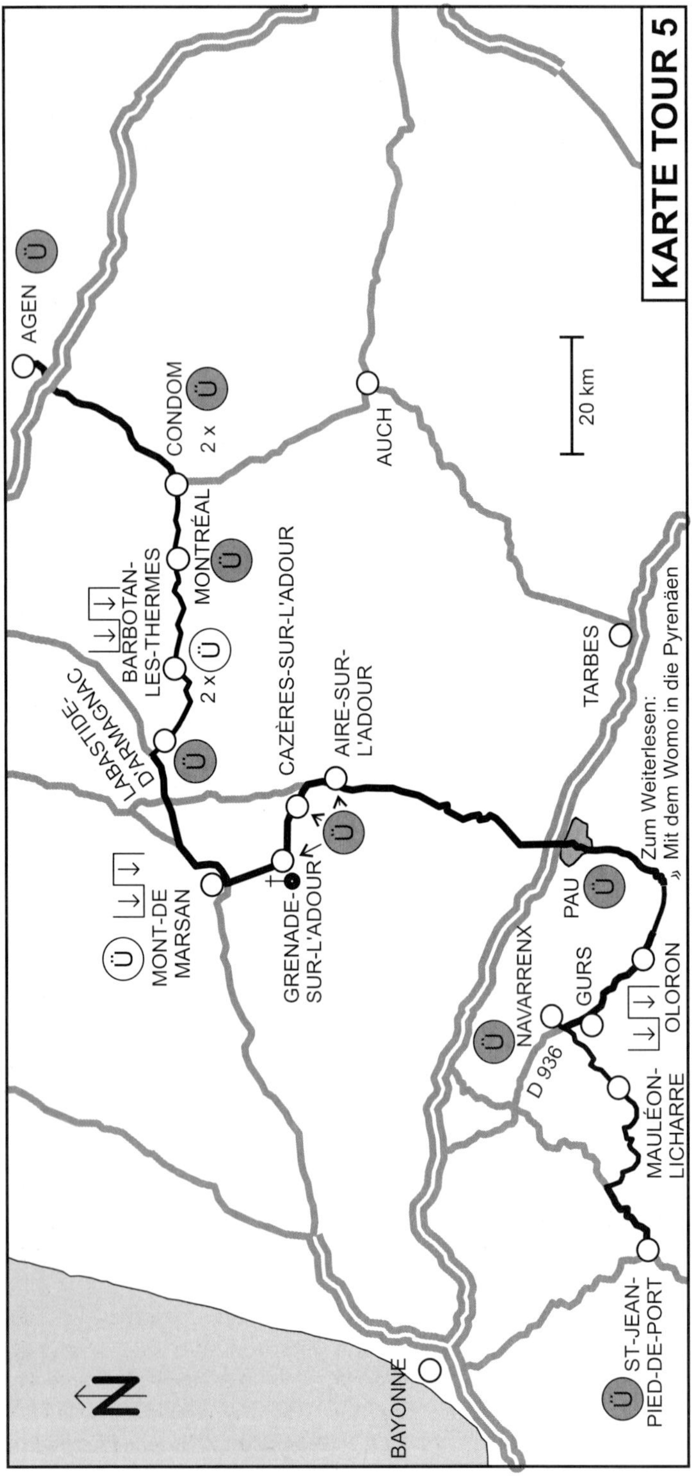

KARTE TOUR 5
AGEN
CONDOM
2 x
AUCH
20 km
MONTRÉAL
BARBOTAN-LES-THERMES
2 x
LABASTIDE-D'ARMAGNAC
CAZÈRES-SUR-L'ADOUR
AIRE-SUR-L'ADOUR
TARBES
MONT-DE-MARSAN
GRENADE-SUR-L'ADOUR
PAU
Zum Weiterlesen:
„Mit dem Womo in die Pyrenäen
NAVARRENX
GURS
OLORON
D 936
MAULÉON-LICHARRE
ST-JEAN-PIED-DE-PORT
BAYONNE

TOUR 5 (319 km)

St-Jean-Pied-de-Port — Pau — Aire-sur-l'Adour — Mont-de-Marsan — Barbotan-les-Thermes — Condom — Agen

Übernachten:	St-Jean-Pied-de-Port, Navarrenx, Pau, Aire-sur-l'Adour, Cazères-sur-l'Adour, Grenade-sur-l'Adour, Mont-de-Marsan, Labastide d'Armagnac, Lac de l'Uby, Barbotan-les-Thermes, Castelnau-d'Auzan, Montréal, Condom, Agen
Besichtigen:	Navarrenx, Gedenkstätte Gurs, Pau, Kirche Notre-Dame-de-Rugby, Skulpturen in Mont-de-Marsan
Baden:	Am Lac de l'Uby
Markt:	Oloron-Ste-Marie (Fr.), Grenade-sur-l'Adour (Sa.), Mont-de-Marsan (Di., Sa.), Labastide-d'Armagnac (Sa. 14 - 18 Uhr), Agen (Mi.)

Ich hoffe, Sie haben in ST-JEAN-PIED-DE-PORT eine ruhige Nacht verbracht. Auf den nächsten beiden Touren werden wir nämlich viele Kilometer hinter uns bringen. Wir verlassen den Ort indem wir über die *Nive*-Brücke fahren und dann auf der D 933 bleiben bis wir nach LARCEVEAU kommen. Dort biegen wir am Kreisel rechts ab nach MAULÉON-LICHARRE.

Über den 392 m hohen COL D'OSQUICH erreichen wir die Hauptstadt der kleinsten baskischen Provinz SOULE. In MAULÉON folgen wir den Wegweisern nach MOURENX bzw. OLORON. Am Ortsende biegt die Straße etwas überraschend nach links ab. Obwohl ich mir dessen bewusst bin, verpasse ich die Abfahrt regelmäßig. Daher kann ich Ihnen sagen, dass Sie ruhig noch ein paar Meter weiter geradeaus fahren können und dann am Intermarché links abbiegen können. Sie kommen dann wieder auf die richtige Straße.

Nach 16 km überqueren wir die D 936 und erreichen gleich darauf NAVARRENX. Beim Überqueren der fahnengeschmückten Brücke über den *Gave d'Oloron* haben Sie einen schönen Blick auf die Befestigungsanlage des Ortes. Das erste Stadttor ist für den Verkehr gesperrt, fahren Sie also durch das Zweite in den Ort hinein. Gleich darauf können Sie nach links in eine kleine Straße abbiegen und kommen dann zu einem Parkplatz. Hier können zwei bis drei Wohnmobile auch eine Nacht stehen. Der Ort ist klein genug, dass Sie vom Parkplatz aus einen Rundgang zu Fuß machen können. An verschiedenen Stellen können Sie auf die Stadtmauer steigen und dort die Aussicht genießen. Obwohl es so aussieht, ist diese Festungsanlage nicht von Vauban.

Von NAVARRENX aus fahren wir wieder zurück zum Kreisel an der D 936. Diesmal folgen wir den Schildern nach OLORON-STE-MARIE. Nach etwa 5 km biegen wir nach rechts ab zum „Champ de GURS“.

Hier wurde 1939 ein Flüchtlingslager errichtet. Vor allem Kämpfer der Internationalen Brigaden und spanische Republikaner sollten während des Spanischen Bürgerkrieges hier Zuflucht finden können. Ein Jahr später kamen auch Antifaschisten aus DEUTSCHLAND und ÖSTERREICH hinzu. Nach der

Gedenkstätte des Konzentrationslagers Gurs

Besetzung Frankreichs durch die Nazis wurde aus dem Flüchtlingslager ein Konzentrationslager. Vor allem Juden, Zigeuner und französische Widerstandskämpfer wurden hier zusammengepfercht. Von 1939 bis 1944 wurden 61000 Menschen hier interniert. Über 15000 Juden kamen aus BADEN und der PFALZ — mehr als 1000 von ihnen starben hier, der Rest wurde zurückverlegt in deutsche Lager.

Über die D 936 geht's weiter durch das Tal des *Gave d'Oloron* in südöstlicher Richtung nach OLORON-STE-MARIE. Die Stadt war für die Jakobspilger auf ihrem Weg nach SANTIAGO DE COMPOSTELA eine wichtige Station bevor die Überquerung der PYRENÄEN am COL DE SOMPORT in Angriff genommen wurde. Heute liegt ihre Bedeutung in der Fabrikation von Baskenmützen. Hier steht die letzte Fabrik in der diese Kopfbedeckung noch hergestellt wird. Wobei es sich streng genommen um einen Etikettenschwindel handelt, denn wir sind nicht mehr im BASKENLAND sondern im BÉARN. Wenn man der Überlieferung glauben darf wurde die Baskenmütze von einem Schäfer erfunden, der vergessen hatte seine Pudelmütze wieder in Form zu bringen, nachdem sie vom Regen durchweicht und verfilzt war. Hier im BÉARN ist man natürlich sicher, dass besagter Schäfer in Landsmann war und kein Baske. Wie dem auch sei, dem „béret basque" werden Sie auch heute noch auf Schritt und Tritt begegnen.

Von den beiden Kirchen der Stadt ist zweifelsfrei die Kathedrale Ste-Marie die größte Sehenswürdigkeit der Stadt. Vor allem wegen ihres reich geschmückten Portals. Von den beiden großen Bögen über dem Eingang ist auf dem oberen das apokalyptische Orchester abgebildet, Auf dem unteren Bogen ist das tägliche Leben der Bauern und Handwerker dargestellt. Interessant sind auch die beiden Atlanten, die die mittlere Säule tragen.

Atlanten am Portal der Kathedrale St-Marie

In einer guten halben Stunde fahren wir von hier nach PAU. Da die Stadt recht ansehnliche Parkgebühren festgesetzt hat, lotse ich Sie zuerst einmal zu einem kostenlosen Parkplatz. Folgen Sie zuerst den Schildern zum Zentrum und dann der Beschilderung nach BORDEAUX. Parking Verdun ist zwischenzeitlich auch ausgeschildert. Wenn Sie sich zweispurig nach links einordnen müssen, sind Sie schon fast am Ziel. Nach einen kurzen Steigung liegt der Platz zu Ihrer rechten. 1500 Fahrzeuge können hier stehen und wir haben bisher immer ein Plätzchen gefunden. Wenn Sie hier übernachten wollen, können Sie das ebenfalls tun. Im mittleren Bereich ist der Verkehrslärm nachts einigermaßen erträglich.

Zur Besichtigung der Stadt orientieren Sie sich am besten nach den Türmen der Kirche St-Jacques. Die sehen Sie, wenn Sie vom Parkplatz aus zur Einfahrt schauen und dann Ihren Blick etwas nach rechts lenken. Dort angekommen brauchen Sie nur noch das Hauptportal zu finden und von dort geradeaus in die Rue des Cordeliers zu gehen und schon sind Sie in der Haupteinkaufsstraße.

Auch wenn Sie nicht gerade in Einkaufslaune sind, sollten Sie uns trotzdem hierher folgen, denn ich möchte Ihnen eine der Hauptsehenswürdigkeiten der Stadt zeigen. Und dazu müssen wir der Straße folgen und dann immer weiter mehr oder weniger geradeaus gehen, bis eine Balustrade uns am Weitergehen hindert. Wir sind jetzt am Boulevard des Pyrénées. Angelegt wurde diese Prachtstraße von Napoleon I. Warum sie so heißt brauche ich Ihnen nicht zu sagen. Der Blick von hier aus hat ohne Zweifel die 3 Michelin-Sterne verdient. Ich verleihe ihm ohne mit der Wimper zu zucken 4 Engel-Sterne. Sie stehen jetzt übrigens ganz in der Nähe der

Am Boulevard des Pyrénées in Pau

Bergstation eines Verkehrsmittels, das ich nicht so recht benennen kann. Die meisten Reiseführer nennen das Gefährt Seilbahn, einer sogar Standseilbahn. Ein Seil spielt zwar eine Rolle, unter einer Seilbahn stelle ich mir allerdings etwas anderes vor. Ich werde den französischen Namen beibehalten: Funiculaire. (Das bedeutet zwar dasselbe, ist aber nicht so anschaulich. Außerdem brauche ich das Wort nur noch einmal in diesem Kapitel.)

Folgen Sie uns jetzt nach rechts, dort gibt es ein Schloss. Dessen Geschichte ist unmittelbar mit dem französischen König Heinrich IV. verbunden. Er wurde 1553 hier geboren. Seine Mutter, Johanna von Albret, war eine rustikale Frau und militante Protestantin. Katholische Kirchen wurden zu protestantischen umgewandelt, Priester ermordet und Katholiken verfolgt. Schluss war mit Wein, Weib und Gesang. Sittenstrenge und Nüchternheit waren angesagt. Erst mit der Machtübernahme Heinrichs wurde wieder Toleranz geübt. Er selbst trat zwar zum Katholizismus über, um in PARIS Fuß fassen zu können, beendete dann aber mit dem Edikt von NANTES die im ganzen Land wütenden Religionskriege.

Das Schloss selbst sieht von außen recht ansprechend aus, von der Besichtigung war ich allerdings enttäuscht, so dass ich sie nicht gerade empfehlen möchte. Das einzige spektakuläre Stück der Sammlung ist ein Schildkrötenpanzer, der angeblich die Wiege des jungen Heinrich gewesen sein soll. Von hier aus können Sie jetzt in gewundenen Pfaden zurückgehen zum Parkplatz — oder auf kürzestem Weg. Die stark befahrene Straße in der Nähe des Schlosseinganges führt direkt zum Place de Verdun. Wenn Sie noch gut zu Fuß sind würde ich Sie gern zu einem Umweg verführen. Gehen Sie dazu mit mir zurück zum Boulevard des Pyrénées. Uns gefällt der Blick auf die PYRENÄEN so gut, dass wir noch bis zum anderen Ende des Boulevards entlangspazieren. Ein kleines Zwischenspiel legen wir zur Freude unserer Kinder am Funiculaire ein: Wir laufen auf einem gewundenen Pfad hinunter zur Talstation und fahren anschließend wieder hoch. Dieses öffentliche Personen-Nahverkehrsmittel kostet nichts! Am Ende der Straße schließt sich der Parc Beaumont an durch den wir noch etwas spazieren wollen. Der Rückweg zum Parkplatz gelingt intuitiv. Das Stadtzentrum ist überschaubar.

Den Place de Verdun verlassen wir nach links und fahren Richtung BORDEAUX aus dem Stadtzentrum heraus. An der

Peripherie von PAU tauchen die ersten Schilder nach AIRE-SUR-L'ADOUR auf, denen wir ab hier folgen.

Ganz deutlich ist zu merken, dass wir die PYRENÄEN jetzt hinter uns lassen. Bis auf wenige Abschnitte ist die Straße wieder kerzengerade. AIRE-SUR-L'ADOUR ist eigentlich kein besonders Sehenswerter Ort. Ich erwähne ihn nur deshalb, weil er schon lange wegen seines schönen Stellplatzes in meinen Notizen stand. Jetzt muss er allerdings als Beispiel dafür herhalten, dass durch die Unvernunft einiger Wohnmobilisten Plätze für uns gesperrt werden.

Kurz bevor Sie den *Adour* überqueren können Sie auf der rechten Seite einen Parkplatz direkt am Fluss sehen. Dort konnen Sie zwar noch parken, aber nicht mehr übernachten. Im hinteren Bereich, vor der Arena, hatte ich früher oft übernachtet. Dabei konnte ich auch vielfach beobachten, dass sich Reisemobilisten daneben benommen hatten. Wären es Landsleute gewesen, hätte ich sie bestimmt auf ihr Fehlverhalten aufmerksam gemacht. Es waren jedoch in allen Fällen, die ich beobachtete, Franzosen. Ich muss gestehen, dass es mir schwerfällt als Gast in einem Land den Gastgeber zu rügen. Die Konsequenz ist auf jeden Fall die Sperrung des hinteren Teils des Parkplatzes mit Stangen und ein Übernachtungsverbot auf dessen vorderen Teil. Trotzdem kann ich Ihnen einen weiteren Stellplatz empfehlen, der allerdings bei weitem nicht so attraktiv ist. Biegen Sie direkt nach der Brücke links ab. Der kleine Parkplatz, den Sie dann erreichen ist vermutlich vollgeparkt und auch nicht ganz gerade. Fahren Sie auf die Uferstraße zu und nach kurzer Fahrt am Fluss entlang biegen Sie links zu einem ebenen Parkplatz ab. Wie gesagt: Schön ist er nicht, aber immerhin eine Übernachtungsmöglichkeit.

Ab hier orientieren wir uns übrigens nach den Schildern nach MONT-DE-MARSAN. Nach knapp 10 km erreichen wir CAZÈRES-SUR-L'ADOUR. Hier gibt es einen Übernachtungsplatz hinter der Kirche. Direkt an der Durchgangsstraße ist er als Parkplatz auf der rechten Seite ausgeschildert.

Immer in der Nähe des *Adour* fahren wir durch eine schöne Allee nach GRENADE-SUR-L'ADOUR. Bevor ich Ihnen beschreibe, wo Sie hier übernachten können möchte ich noch einen kleinen Abstecher zu einer kuriosen Kirche machen. Folgen Sie mir in GRENADE am Ortsanfang nach links über die Brücke. Ab hier folgen wir den Schildern zur „Notre-Dame-

Glasfenster in der Kirche Notre-Dame-du-Rugby

Trikots in der Kirche Notre-Dame-du-Rugby

du- Rugby". Es geht steil bergauf und eng wird es auch. Aber wenn Sie den kleinen Parkplatz erst einmal erreicht haben werden Sie angesichts der Kapelle keinen Groll mehr gegen mich hegen. Hier ist ohne jeden Zweifel der Schutzpatron der Rugby-Spieler — wer immer das auch sein mag — zu Hause.

Zurück nach GRENADE-SUR-L'ADOUR fahren wir auf dem selben Weg auf dem wir auch hergefahren sind. Nach der Überquerung des *Adour* biegen wir nach links ab. Hier kann ich Ihnen einen weiteren Übernachtungsplatz und einen sehr schön gelegenen Picknickplatz empfehlen. Der Stellplatz liegt in der Ortsmitte auf der rechten Seite direkt am Fronton. Da das gleichzeitig der Marktplatz ist, können Sie in der Nacht von Freitag auf Samstag hier nicht stehen. Zum Picknickplatz fahren Sie ein bisschen weiter und biegen dann nach links in Richtung Campingplatz ab. An dem fahren Sie vorbei und kommen dann direkt ans *Adour*-Ufer. Hier ist es zum picknicken ideal, allerdings herrscht Übernachtungsverbot.

Gerade noch 12 Kilometer trennen uns von MONT-DE-MARSAN, der Hauptstadt des Départements Landes. Die Stadt ist mir hauptsächlich wegen ihrer vielen Skulpturen in Erinnerung. Zum Parken folgen wir zuerst den Schildern zur Stadtmitte, biegen dann aber an der Caisse d'Espargne rechts ab. Wenn dann Pfeile auf der Fahrbahn markiert sind ordnen wir uns links ein, fahren über die Brücke und dann rechts auf den Parkplatz „Terrasse du *Midou*". Hier können Sie auch übernachten. In wenigen Minuten können wir ins Stadtzentrum

Zusammenfluss von Douze und Midou in Mont-de-Marsan

laufen. Von einer Brücke aus haben Sie einen schönen Blick auf den Zusammenfluss von *Midou* und *Douze*, die ab ihrer Vereinigung *Midouze* heißt. Hier und in der Rue Léon Gambetta finden sie auch mehrere Skulpturen der hier geborenen Künstler Charles Despiau und Robert Wlérick. Den beiden ist auch ein Museum gewidmet. Sie finden es, wenn Sie nach Überquerung der Brücke nach rechts gehen. Durch einen kleinen Park kommen wir schließlich wieder zurück zu unserem Parkplatz.

An der Ampel an der Ausfahrt müssen wir rechts weiterfahren. Bei der nächsten Ampel kommt es darauf an, ob Sie noch ver- oder entsorgen wollen. In diesem Fall fahren Sie nach links in Richtung BORDEAUX und lesen dann die Zufahrtsbeschreibung zur Aire de Rond auf Seite 226. Ansonsten folgen Sie uns nach rechts in Richtung AGEN.

In ST-JUSTIN ist erhöhte Aufmerksamkeit geboten dort geht es rechts ab nach LABASTIDE D'ARMAGNAC. Das ist ein mittelalterliches Örtchen, das noch nicht aus seinem Dornröschenschlaf geweckt wurde. Gerade das macht es mir besonders

Labastide d'Armagnac

sympathisch. Die Straße führt um den Ortskern herum. Wenn sie sich in einer Rechtskurve endgültig anschickt das Dorf zu verlassen, können Sie links auf einem kleinen Platz parken.

Theoretisch könnten Sie auch bis ins Herz des Ortes fahren und ihr Womo auf den Place Royale stellen, was ich allerdings schon fast als Sakrileg bezeichnen möchte. Vom Parkplatz am Ortsrand sind Sie in zwei Minuten im Zentrum und ärgern sich über jedes Auto, das Ihnen vors Objektiv kommt.

Labastide d'Armagnac

Der Armagnac spielt nicht nur im Ortsnamen eine Rolle. In dieser Gegend wachsen die Trauben, die für diesen Branntwein verwendet werden. Im Gegensatz zum Cognac wird der Armagnac beim Destillieren öfter erhitzt. Allein dadurch entsteht der kräftigere Geschmack. Die Weiterverarbeitung und die Lagerung in Eichenfässern ist mit der Cognacherstellung vergleichbar. Verraten Sie diesen Satz aber nicht an einen Gasconen. Für sie gibt es zwischen Cognac (na ja!) und Armagnac (oh là là!) abgrundtiefe Unterschiede.

Den Ort verlassen wir in Richtung CAZAUBON. Danach biegen wir links ab nach BARBOTAN-LES THERMES. Durch Zufall sehe ich ein Schild mit einem Wohnmobil nach rechts zeigen. Es geht zum *Lac de l'Uby*. Außerplanmäßig biegen wir also rechts ab und entdecken dadurch einen der schönsten Stellplätze Südwestfrankreichs. Zuerst kommen wir zu einem Campingplatz und ich vermute schon, dass sich das Schild auf ihn bezieht. Fahren Sie jedoch mit uns einfach geradeaus weiter. Nach etwa einem Kilometer biegen Sie, der Beschilderung folgend, rechts ab und kommen dann zu einem großen Gelände direkt am See. Ein kleiner Wald spendet Schatten und eine Ver- und Entsorgungsmöglichkeit gibt es ebenfalls. Die Übernachtung kostet 20 FF, die am oben erwähnten Campingplatz zu zahlen sind. Unsere Kinder verbringen den Rest des Tages am Strand, während wir einfach nur faulenzen.

Wenn es Ihnen hier am See zu einsam ist, finden Sie wenige Kilometer weiter in BARBOTAN-LES-THERMES einen weiteren Übernachtungsplatz. Wir fahren dazu am ersten Kreisel in den Ort hinein. Keine Angst vor der Höhenbegrenzung von 3,20 m, wir biegen vorher ab. Nach kurzer Fahrt durch eine Geschäftsstraße fahren wir nach rechts auf einen Parkplatz. Dort sind 8 Stellplätze für Wohnmobile markiert. Von hier aus ist es gar nicht weit zu einem Park in dem es sich wunderbar spazieren lässt. Die Teiche werden von den heißen Quellen gespeist und sind übervoll mit Fischen und Wasserschildkröten. Zum Übernachten zahlen Sie hier 30 FF. Vom Parkplatz

Stellplatz am Lac de l'Uby

aus erreichen Sie direkt die Umgehungsstraße. Ihr folgen wir weiter in Richtung CONDOM.

Am Ortseingang von CASTELNAU-D'AUZAN liegt rechts ein Fischweiher. Ein kleiner Parkplatz liegt direkt neben der Straße. Hier können Sie übernachten. Allzuviel Platz ist allerdings nicht vorhanden, so dass allerhöchstens 2 Mobile hier stehen können. Der geringe Verkehr an der Hauptstraße lässt gegen Abend fast ganz nach, so dass Sie eine ruhige Nacht verbringen können. Vorher können Sie noch einen ausgedehnten Spaziergang am See unternehmen. Am nächsten morgen können Sie am Holztisch im Freien frühstücken.

Wer mehr Aktion liebt fährt noch 10 Kilometer weiter nach MONTRÉAL. Besser gesagt: Bis kurz vor den Ort. Dort biegen Sie nach links ab zum Freizeitgelände („Base de Loisirs"). Hier erwartet Sie ein großer Parkplatz der zum Übernachten einlädt. Die angebotenen Freizeiteinrichtungen sind alle kostenlos. Besonders die große Wasserrutsche hat es unseren Kindern angetan. Der Badebetrieb wird überwacht, so dass wir keine Bedenken haben Kathrin und Eva hier zurückzulassen und uns auf eine kleine Wanderung zu begeben. Verschiedene Rundwanderwege zwischen 2 und 5 Stunden sind ab hier markiert.

Etwas Kultur gefällig? Wenn Sie weiter Richtung MONTRÉAL fahren, geht rechts eine Straße zur „Villa Gallo-Romaine de SÉVIAC". Hier wurden bei Ausgrabungen die Fundamente einer großen römischen Villa aus dem 4. Jahrhundert freigelegt. Besonders beeindruckend sind dabei die recht gut erhaltenen Mosaiken. Sie können sich einer (französischen) Führung anschließen oder auf eigene Faust das Gelände erforschen. Hierzu können Sie sich einen Plan mit Erläuterungen (allerdings nur in Französisch) an der Kasse ausleihen.

Wir fahren zurück nach MONTRÉAL und dann weiter nach CONDOM. Dort folgen wir den Schildern nach AGEN. Die beiden Übernachtungsplätze, die ich in CONDOM eingezeichnet habe sind nicht besonders schön, aber nachts haben Sie ja sowieso die Augen geschlossen. Nachdem Sie den Fluss überquert haben, fahren Sie am nächsten Kreisel bei der zweiten Ausfahrt ab, sonst kommen Sie nicht an meinem Platz vorbei. Nach einer kurzen Steigung sehen Sie die beiden Plätze auf der linken Seite. Übrigens: Die Franzosen finden absolut nichts dabei in dieser Stadt zu wohnen. Was uns schmunzeln lässt heißt in Frankreich „préservatif". Der

Mosaik in der Villa Gallo-Romaine de Séviac

Bürgermeister weiß allerdings, welche Landsleute die Ortsschilder als Souvenir mit nach Hause nehmen. Besonders das Ortsendeschild mit dem roten Balken durch den Ortsnamen wird gern genommen.

Wir fahren weiter nach AGEN. Was uns dort erwartet lesen Sie im nächsten Kapitel.

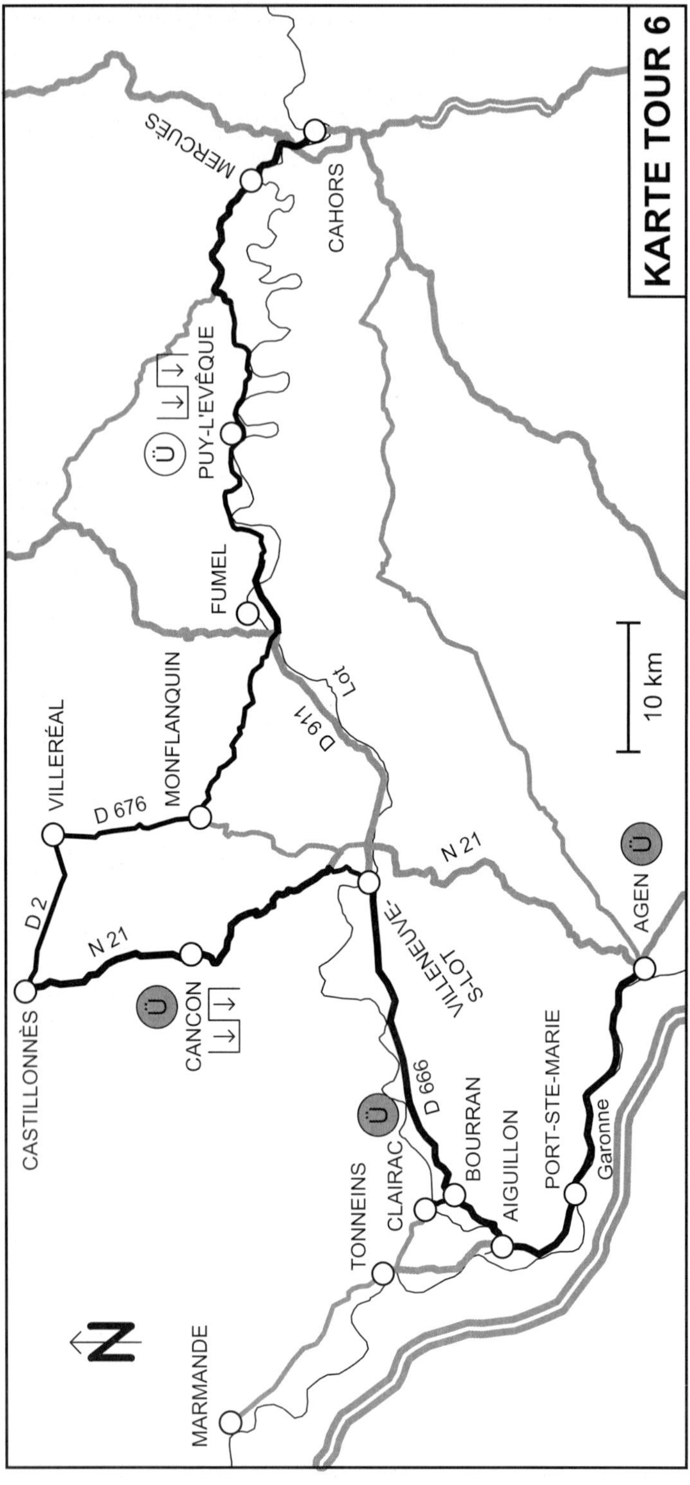
KARTE TOUR 6
MERCUÈS
CAHORS
Ü
PUY-L'EVÊQUE
FUMEL
MONFLANQUIN
VILLERÉAL
D 676
D 911
Lot
10 km
N 21
Ü
AGEN
VILLENEUVE-
S-LOT
D 2
N 21
CASTILLONNÈS
Ü
CANCON
D 666
Ü
BOURRAN
CLAIRAC
AIGUILLON
PORT-STE-MARIE
Garonne
TONNEINS
MARMANDE
N

TOUR 6 (192 km)

Agen — Villeneuve — Fumel — Puy-l'Évêque — Cahors

Übernachten:	Agen, Clairac, Cancon, Puy-l'Évêque
Besichtigen:	Pont Canal in Agen, L'Abbaye des Automates in Clairac, Garten von Martial Besse
Markt:	Agen (Mi.), Puy-l'Évêque (Di.), Mercuès (Do.)

Im letzten Kapitel habe ich Sie kurz vor AGEN stehengelassen und Sie wollen mit Recht jetzt wissen, wie es weitergeht. Zuerst möchte ich Sie auf den Übernachtungsplatz führen. Wie in den meisten Städten ist er nicht gerade attraktiv und da er zentrumsnah liegt auch nachts laut. Ich habe aber bereits erwähnt, dass ich nicht lärmempfindlich bin. Außerdem hatte ich hier schon sehr interessante Begegnungen, unter anderem mit einer Zigeunerfamilie, deren Gastfreundschaft mir bis heute in angenehmer Erinnerung ist. Mit den oben genannten Einschränkungen ist der Platz jedoch für eine Nacht akzeptabel. Die Nacht von Dienstag auf Mittwoch ist allerdings Tabu. Mittwochs ist hier nämlich Markt. Wenn Sie nach AGEN hereinfahren fließt links von Ihnen die *Garonne*. Zwischen Fluss und Straße gibt es zwar Parkplätze, die sind allerdings mit Stangen in 2 Meter Höhe abgesperrt. Also nichts für uns. Deshalb folgen sie mir in Richtung „Centre Ville". Sie fahren dann durch die Hauptgeschäftsstraße und sehen schon bald die Hinweisschilder zum „Parking Pin". Am Ende der Geschäftsstraße fahren Sie am Kreisel bei einem Hamburger-"Restaurant" auf den Parkplatz.

Von hier aus können Sie die Einkaufsstraße, den Boulevard de la République, noch einmal in Ruhe zu Fuß durchqueren. Die wichtigste Sehenswürdigkeit der Stadt ist das Kunstmuseum. Sie finden es am Place Docteur-Pierre-Esquirol, ein paar hundert Meter linkerhand des Boulevards de la République. Es ist gut ausgeschildert.

Wenn Ihnen der Trubel zu viel ist, habe ich noch einen Alternativspaziergang für Sie. Gehen Sie mit uns zum Pont Canal. In der Nähe des Parkplatzes überquert die N 21 in Richtung PÉRIGUEUX zuerst eine Bahnlinie und dann den *Canal*

Latéral à la Garonne. Danach geht links ein Fußweg am Kanal entlang und Sie kommen endlich von der Nationalstraße weg. Nach knapp 2 Kilometern am Kanal entlang erreichen Sie die Pont Canal. Ein kurioses Bauwerk, das den Kanal über eine Brücke über die *Garonne* führt.

Wenn Ihnen der Spaziergang zu viel ist, können Sie die Pont Canal auch noch beim Verlassen von AGEN besichtigen. Vom Parking Pin aus fahren wir wieder durch den Boulevard de la République bis zu dessen Ende zurück und biegen dann rechts ab. Die Straße steigt an und überquert den *Canal*

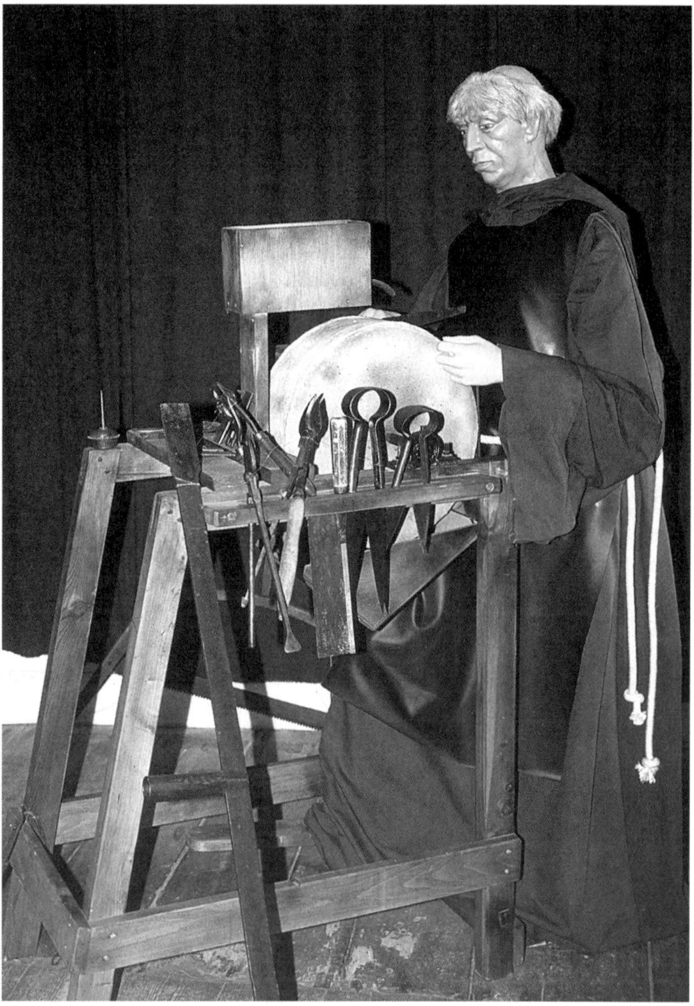

Clairac - Abbaye des Automates

In der Abbaye des Automates

Latéral à la Garonne. Wenn Sie von hier noch einen Blick auf die Kanalbrücke werfen wollen können Sie entweder vor der Straßenbrücke rechts zu einem Parkplatz fahren oder danach auf einer der Parkbuchten längs der Straße anhalten.

Unser weiterer Weg führt uns über PONT-STE-MARIE und AIGUILLON nach CLAIRAC. Um zum letztgenannten Ort zu kommen, müssen wir in BOURRAN nach links abbiegen. Die Abbaye des Automates, die wir in CLAIRAC besichtigen wollen ist kilometerweit vorher schon ausgeschildert, so dass es keine Schwierigkeiten machen dürfte das Dorf zu finden. Zum Parken haben Sie zwei Möglichkeiten: Der Parking Vieille Ville ist klein und schattig, der Parking Centre Ville größer und übernachtungstauglich. Zu den bewegten Mönchen haben Sie von

Festszene in der Abbaye des Automates

beiden Plätzen etwa gleich weit. Der Ort ist recht klein, so dass keine großen Strecken zu überwinden sind. In einer alten Benediktinerabtei wurde mit lebensgroßen beweglichen Figuren der Alltag der Mönche des Mittelalters dargestellt. Jedem Raum ist ein spezielles Thema gewidmet. Mit einem Druck auf einen Schalter starten Sie die Bewegungen und eine Licht-Tonschau. Die Abtei ist wirklich einen Besuch wert, auch der Preis von 45 FF pro Person (Kinder 25 FF) ist gerechtfertigt.

An der Kasse erhalten Sie auch Eintrittskarten für zwei weitere Sehenswürdigkeiten in CLAIRAC. Da ist zum einen der meiner Meinung nach zu kindisch aufgemachte Zauberwald (Forêt Magique), ansonsten gibt es noch ein Modelleisenbahn-Museum (Musée du Train). Hier schlägt das Herz jedes Modellbauers höher. Auf 340 m² sind über 100 Jahre Eisenbahngeschichte zu bewundern.

Um nach VILLENEUVE-SUR-LOT zu kommen müssen wir wieder ein Stückchen zurückfahren bis wir die D 666 wieder erreichen. Die Stadt empfängt uns mit Kultur. Ein Samba-Festival findet gerade statt und die gesamte City dröhnt vom Klang unzähliger Trommeln. Die Parkplatzsuche wird dadurch nicht erleichtert. Der einzige mir bekannte gebührenfreie Platz ist am Hôtel de Ville. Folgen Sie dazu erst den Schildern zur Centre Ville und dann denen zum Hôtel de Ville. Im Herbst 1999 waren allerdings großräumige Baumaßnahmen in Gange. Man wird sehen, was daraus wird. Vermeiden Sie über die Pont Vieille (Centre Ville par Pont Vieille) zu fahren. Die Straßen werden dann sehr eng und Sie kommen in ein vertracktes Einbahnstraßensystem.

Was gibt es hier zu sehen? Recht angenehm ist ein Bummel durch die Fußgängerzone. Durch Torbogen hindurch und über kleine Plätze gehend stehen wir plötzlich vor der Kirche Ste-Catherine, die so gar nicht in das Umfeld passen will. Des Rätsels Lösung: Die Kirche die ursprünglich hier stand ist im 19. Jahrhundert teilweise eingestürzt und musste abgerissen werden. 1937 wurde das jetzige Gotteshaus mit seiner eigenwilligen Architektur geweiht.

Nach unserem ausgedehnten Rundgang sitzen wir wieder im Wohnmobil und verlassen die Stadt in Richtung BERGERAC und CANCON. Wir machen einen kleinen Umweg, damit ich Ihnen den Künstler Martial Besse vorstellen kann. Die erste Station machen wir allerdings bereits in Cancon. Dort gibt es mitten im Ort eine Ver- und Entsorgungsstation, Übernachtungsmöglichkeit inklusive. Die Beschilderung ist gut zu sehen, Sie werden sie finden.

Wir fahren geradeaus durch den Ort durch und kommen nach weiteren 14 km nach CASTILLONNÈS. Hier müssen wir nach rechts in Richtung VILLERÉAL abbiegen. Zwischen diesen beiden Ortschaften liegt auf der rechten Seite der Garten von Martial Besse, in dem er aus Beton, Schrott und Holz allerlei skurrile Figuren gebaut hat. „La Castagnale“ heißt sein Haus, auf der gegenüberliegenden Seite der D 2 finden Sie einen kleinen Parkplatz.

Skulptur von Martial Besse

Etwas unsicher bleiben wir an der Gartenpforte stehen und bewundern die Objekte. Schließlich kommt Martial Besse zu uns und lädt zur Besichtigung ein. Zu den meisten seiner Skulpturen hat er eine persönliche Beziehung. Im Hauptberuf Landwirt, sind seine Ausflüge in die Kunst sein Hobby. Alle Erklärungen gibt er verschmitzten Blickes. Und in der Tat sollte man seine Arbeiten nicht todernst betrachten. Immer blickt der Schalk, der ihm im Nacken sitzt, aus seinen Augen. Einzig bei seinem Wasserspeier (auch eine création für sich) bleibt er seriös, spricht von Komposition, Bildaufbau, fließenden Elementen — nur um einen Augenblick später den Wasserhahn unbemerkt so stark aufzudrehen, dass wir alle nass werden. Er findet das lustig, angesichts der herrschenden

Temperaturen ist es auch für uns eine Wohltat. Sie merken schon, Sie brauchen keine Berührungsängste zu haben.

Etwas Toleranz sollten Sie aber mitbringen in seinen Garten. Die primären und sekundären Geschlechtsmerkmale von Männlein und Weiblein sind teilweise recht deutlich herausgearbeitet. Wenn Sie den Besuch genauso wie wir genossen haben, sollten Sie die kleine Kasse am Hauptweg nicht übersehen und einen kleinen Obolus entrichten. Schließlich gibt es Zement nicht umsonst...

Martial Besse mit seiner Lieblingsfigur

Martial Besse: Affe - Guten Appetit

Bei VILLERÉAL biegen wir nach rechts in die D 676 ein. In MONFLANQUIN orientieren wir uns nach FUMEL, umfahren den Ort jedoch auf der mittlerweile erreichten D 911 in Richtung CAHORS.

Dabei kommen wir durch PUY-L'ÉVÊQUE, wo ein Übernachtungsplatz mit Ver- und Entsorgungsstation auf uns wartet. Zu

Beginn des Ortes macht die Straße eine Biegung nach links. Genau in dieser Kurve müssen wir nach links abbiegen. Es geht den Berg hoch und bald darauf taucht das Schild der Entsorgungsstation nach rechts auf. Ein paar Meter weiter ist auch schon der Stellplatz. Er ist nicht waagerecht, die handelsüblichen Unterlegkeile reichen jedoch aus um Ihr Fahrzeug in eine horizontale Position zu bringen.

Links von uns ein Altersheim, hinter uns die Gendarmerie, auf der rechten Seite eine wenig befahrene Straße: Einer ruhigen Nacht dürfte nichts im Wege stehen. Beim Abendessen lassen wir noch einmal die eindrucksvollsten Erlebnisse des Tages Revue passieren. Das waren zweifelsfrei die Abbaye des Automates und der Garten von Martial Besse.

Der Weg nach CAHORS ist einfach zu finden. Wie's dort weitergeht steht im nächsten Kapitel.

TOUR 7 (70 km)

Cahors — Payrac — Rocamadour

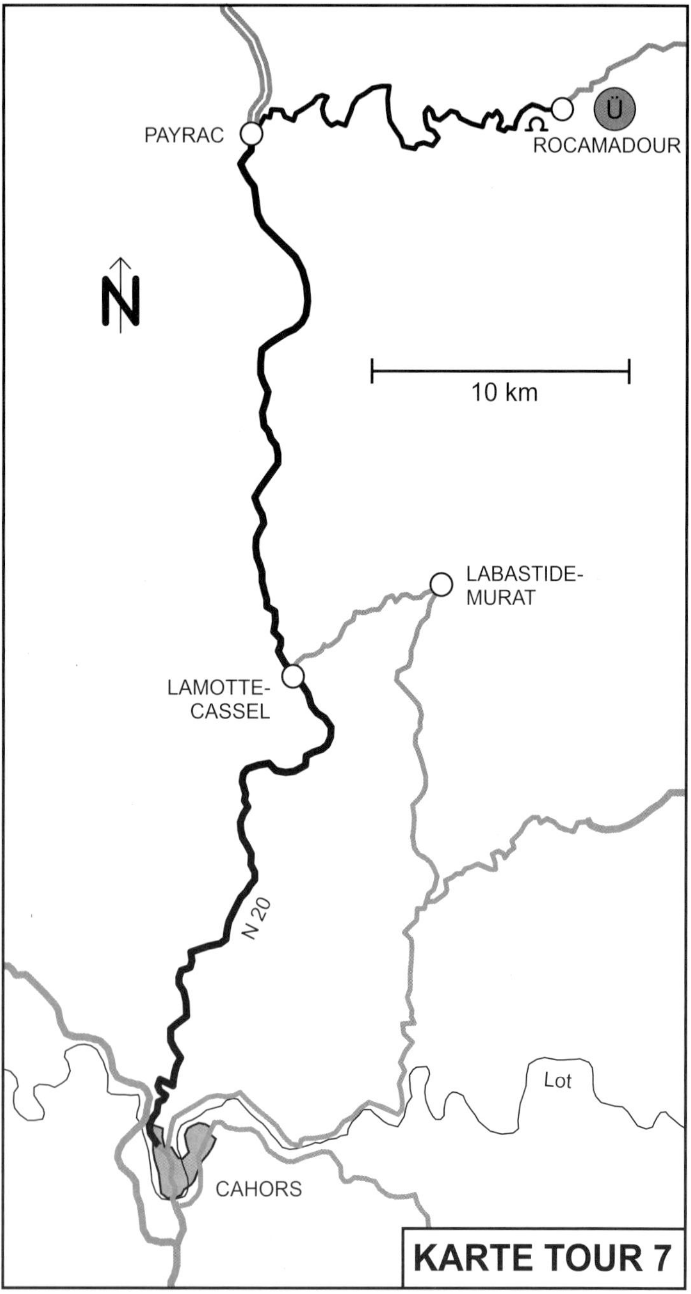

CAMPING CARAVANING LE RUPE**
31200 TOULOUSE

NOM ....BEUCHEL........................

ADRESSE ....
....

VILLE :............................ **CODE POSTAL** :..........................

ARRIVEE: 10.05 **DEPART :** 11.05 **NUITEES:**

N° Emplacement : **CI PASS PC CCCI**

Qté	Prestation	Nuitée(s)	P.U	Montant
1	Emplacement 1/2 Pers / 1 Véhicule		14,50€	14.50
	Adulte Supplémentaire		2,90€	
	Enfant Supplémentaire		1,90€	
	Raccordement 6 Ampères		3,60€	
	Voiture Supplémentaire		1,00€	
	Emplacement Tente 1 Pers / 1 Véhicule		10,50€	
	Emplacement Tente 1 Pers		9,50€	
	Parking		3,20€	
	Forfait Groupe par personne		3,80€	

PAYÉ

(ESP) CB CHQ ANCV **TOTAL TTC** 14.50

Toute l'équipe du Rupé vous remercie

Übernachten:	Rocamadour
Besichtigen:	Cahors, Rocamadour

Wie in jeder Stadt ist auch in CAHORS unser erstes Problem einen Parkplatz zu finden. Wir gehen nach unserem bekannten Schema vor und folgen zuerst einmal den Schildern zum Zentrum. An einem Kreisel werden wir durch die Rue Emile Zola geschickt und kommen dann nach der zweiten Linkskurve schon zu zwei brauchbaren Parkplätzen. Zur Stadtmitte biegen wir allerdings rechts ab in den Boulevard Gambetta. Für unsere Besichtigungstour ist der Parking Allées Fénelon (nach der Touristeninformation nächste Straße rechts) ideal. Leider ist er meist überfüllt. Am Ende des Boulevards können Sie am Kreisel links abbiegen und finden noch einen Parkplatz zwischen der Straße und dem Ufer des *Lot*. Wenn Sie auch dort nicht fündig werden, fahren Sie wieder zurück zum Kreisel und befahren den Boulevard in der entgegengesetzten Richtung. Versuchen Sie in einer der Seitenstraßen auf der jetzt linken Seite etwas zu finden.

Der Boulevard Gambetta teilt CAHORS in Nord-Süd-Richtung in zwei Hälften. Die Altstadt liegt auf der östlichen Seite. Deshalb sollten Sie dort erst gar nicht mit dem Womo hineinfahren, sie besteht aus kleinen und kleinsten Gassen. Eine Wegbeschreibung fällt mir aus demselben Grund schwer. Die wichtigsten Sehenswürdigkeiten sind vom Boulevard aus ausgeschildert. Wenn Sie von dort aus also immer kleine Abstecher machen sind Sie auf der sicheren Seite. Pfadfindernaturen dringen etwa in Höhe der Rue Clemenceau in die Altstadt ein und wursteln sich dann zwischen Boulevard und *Lot* nach Norden durch. Wenn Sie gar ganz im Süden der Stadt am Ufer des *Lot* parken, können Sie schon dort in das Gassengewimmel eintauchen. Hauptrichtung auch hier: Norden!

Letztere Variante haben wir gewählt. Bis wir zur Rue Clemenceau kommen, haben wir bereits viele Eindrücke gesammelt. Einen Vorteil haben die engen Gässchen: Es ist immer schattig. Ein Brunnen mit verschiedenen Hundeköpfen erfreut unsere Kinder und motiviert sie Papas aberwitzigen Wegen weiter zu folgen. Kleinere Ausrutscher nach rechts („Schaut mal der Fluss, wie schön!“) oder links („Wie wär's mit einem Eis?“) kann ich locker überspielen. Unser erstes Erfolgserlebnis haben wir, als wir überraschend („Na seht ihr, da ist sie

Typische Gasse in der Altstadt von Cahors

schon.“) vor der Cathédrale St-Étienne stehen. Die Kirche betreten wir durch das Nordportal und können dort schon gleich das figurengeschmückte Tympanon bewundern. Aber auch das Innere der Kirche ist sehenswert — und schön kühl. Auf der gegenüberliegenden Seite schließt sich noch ein sehr schöner Kreuzgang an.

Die eigentliche Herausforderung auf der „Pfadfindertour“ liegt allerdings noch vor uns: die Ilôt Fouillac. Es geht weiter nach Norden. Wenn Sie die Rue Château-du-Roi gefunden haben sind Sie auf der richtigen Spur. Haben Sie das Gefängnis entdeckt? Dann sind Sie goldrichtig. Jetzt müssen Sie nur

Cahors

Cahors - musikalischer Brunnen in der Ilôt Fouillac

noch die Augen offen halten um das kleine Hinweisschild zu entdecken. Es lohnt sich wirklich durch die düstere Gasse zur Ilôt zu gehen. Hier wird der Rest der Familie wieder für die vielen kleinen Umwege entschädigt.

Der Clou ist ein musikalischer Brunnen. Aus vielen kleinen Knöpfen sprudeln Wasserfontänen. Durch den Druck auf einen Knopf wird der Strahl unterbrochen, gleichzeitig ist ein Ton zu hören. Mit ein bisschen Übung bringen unsere Kinder recht ordentliche Melodien zustande. Nicht weniger interessant sind auch die Wandmalereien an den Brandmauern der umliegenden Gebäuden.

Ab jetzt können Sie sich nach Westen orientieren und über den Boulevard Gambetta zu Ihrem Parkplatz zurückgehen. Unterwegs sollten Sie schon mal die Wegweiser anschauen. Wir müssen als nächstes in Richtung BRIVE weiterfahren.

Falls Sie das Schild nicht gefunden haben: Wir fahren auf dem Boulevard Gambetta nach Norden, also dahin von wo wir auch gekommen sind. Am großen Kreisel geht's dann allerdings weiter nach BRIVE.

Wir sind jetzt auf der N 20 und es geht aufwärts. Unser nächstes Ziel ist das dreistöckige ROCAMADOUR. Obwohl viele Wege dahin führen, möchte ich Ihnen raten den allzu frühen Wegweisern zu misstrauen. Fahren Sie bis PAYRAC und biegen Sie dort erst nach rechts ab. Das ist eine der breitesten Straßen nach ROCAMADOUR. Wenn Sie die entlang fahren können Sie sich vorstellen, wie die anderen aussehen.

Im kleinen Ort L'HOSPITALET biegen wir gleich nach rechts ab und fahren auf der höchstgelegenen Straße auf ROCAMA-

Gesamtansicht von Rocamadour

Rocamadour

DOUR zu. Von der Straße aus können Sie sich schon ein Bild von dem Ort machen, der aussieht als sei er an den Felsen geklebt. Wir fahren an verschiedenen Parkplätzen vorbei bis wir zur Bergstation des Aufzuges kommen. Trotz großen Besucherandrangs haben wir hier immer einen Parkplatz bekommen. Eine Übernachtung würde ich hier allerdings nur empfehlen, wenn außer Ihnen höchstens noch drei, vier andere Womofahrer dasselbe planen. Ansonsten schiebe ich jetzt schnell eine Zufahrtsbeschreibung zu einem weiteren

Stellplatz ein: Fahren Sie von hier aus wieder zurück nach L'HOSPITALET, an der „Grotte des Merveilles" vorbei und an der nächsten Gabelung nach rechts. Sie sind jetzt auf der D 32 und kommen zum unteren Stadttor. Kurz davor biegen Sie nach links ab zum „Parking la Vallée". Dort gibt's 450 Parkplätze.

Ich sprach bereits davon, dass ROCAMADOUR terrassenförmig auf drei Ebenen erbaut wurde. Wir beginnen ganz oben und kommen vom Parkplatz aus direkt zum Beginn eines

Straßenszene in Rocamadour

Hof des sakralen Bezirks in Rocamadour

Kreuzweges. Da wir den Weg abwärts gehen, müssen wir in Kauf nehmen, dass wir die Stationen in der umgekehrten aber bequemeren Reihenfolge vor uns haben. Das ist eines Pilgers natürlich nicht würdig. Wenn Sie aus religiösen Gründen hierher kommen, gehen Sie von der Basilika den Weg aufwärts.

Wir kommen als nächstes in den sakralen Bezirk, bestehend aus der schon erwähnten Basilika St-Sauveur, der Crypte St-Amadour, der Chapelle Notre Dame und der Chapelle St-Michel. Nach meiner Definition sind wir jetzt im zweiten Stockwerk des Ortes. Die Basilika ist jederzeit — außerhalb der Gottesdienste — frei zu besichtigen.

Von hier aus steigen wir über die Treppe „Via Sancta“ in den weltlichen Bereich des Ortes hinab. Dort erwartet uns allerlei Souvenirkitsch. Einige Läden bieten allerdings auch recht schönes Kunsthandwerk an. Daher zieht sich unser Aufenthalt länger als erwartet hin. Allein der Gedanke alle diese Treppen und Serpentinenwege wieder hoch zu gehen hat etwas Erschreckendes. Deshalb fahren wir mit den beiden Aufzügen wieder zu unserem Parkplatz. Sie sind ganz einfach zu finden, folgen Sie den Schildern zum „ascenseur“. Die Dame an der Kasse rechnet Ihnen auch ganz genau vor, wie viele Stufen Sie erklimmen müssen um ganz nach oben zu kommen bevor sie 11 FF pro Person kassiert. Für den zweiten Aufzug sind noch einmal 15 FF fällig.

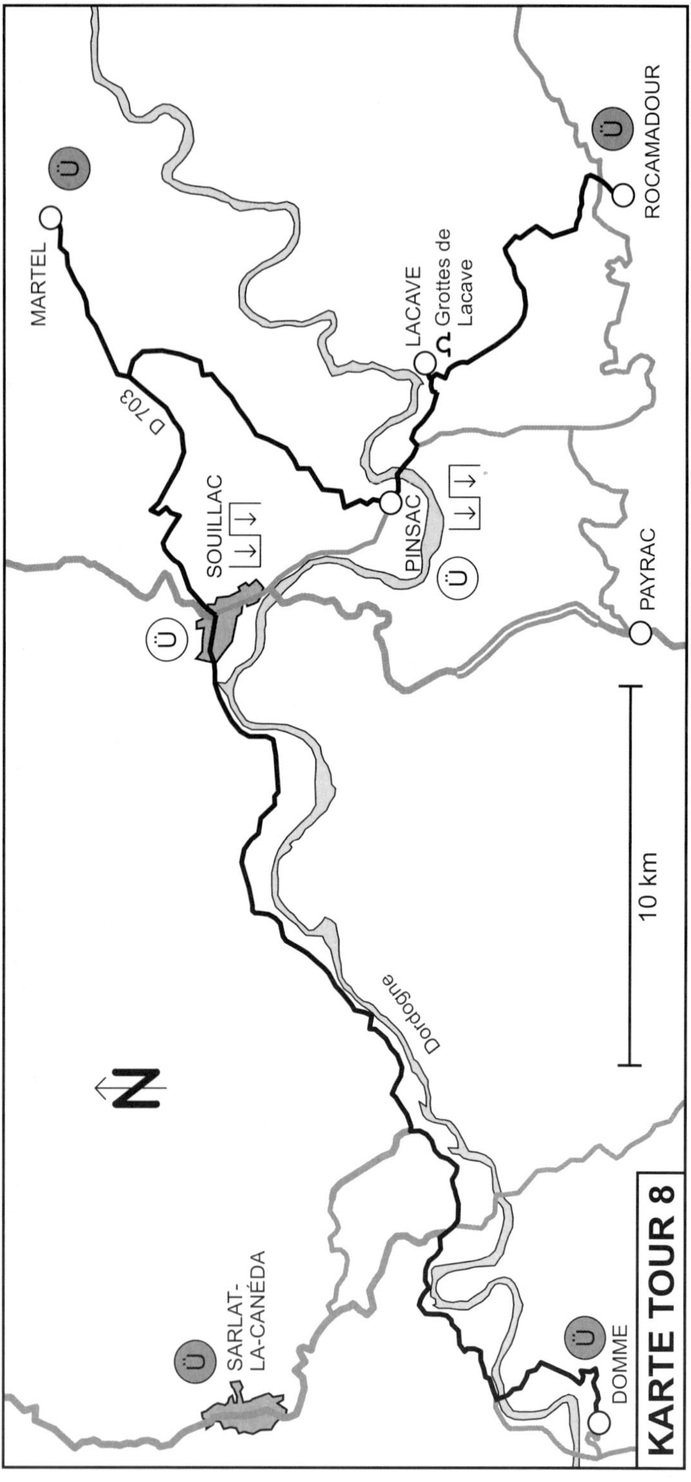
KARTE TOUR 8
N
MARTEL
D 703
SOUILLAC
PINSAC
LACAVE
Grottes de
Lacave
ROCAMADOUR
PAYRAC
Dordogne
10 km
SARLAT-
LA-CANÉDA
DOMME
Ü

TOUR 8 (73 km)

Rocamadour — Souillac — Domme

Übernachten:	Rocamadour, Pinsac, Martel, Souillac, Domme
Besichtigen:	Grottes de Lacave; Ölmühle und Reptiland in Martel; Souillac; Domme
Markt:	Martel (Mi. u. Sa.), Souillac (Fr.)

Wir bleiben den kleinen Straßen auch beim Verlassen von ROCAMADOUR treu. Es bleibt uns auch nichts anderes übrig. Vom oberen Parkplatz aus fahren wir nach L'HOSPITALET um dort an der zweiten Einmündung in Richtung LACAVE abzubiegen. Dieser Ort ist vor allem durch seine gleichnamige Höhle bekannt. Das ist auch der Grund warum wir dort hin wollen.

Die Straße steigt langsam an um sich danach ins Tal der *Dordogne* hinabzuschlängeln. Bereits am Ortseingang von LACAVE ist die Grotte ausgeschildert. Sie wäre auch so leicht zu finden. Fahren Sie einfach ins Zentrum und rangieren Sie Ihr Womo auf einen der Parkplätze links der Straße. Gegenüber ist der Eingang zur Höhle. Im Gegensatz zur Grotte de Sare ist der Einsatz von Technik hier sehr dezent und beschränkt sich hauptsächlich auf die Beleuchtung.

Grotte de Lacave

Große Säule in Lacave

Die Führung durch die Höhle beginnt mit einer Bahnfahrt. Groteskerweise liegt die Grotte jetzt über uns, so dass wir an der Endstation erst einmal nach oben müssen. Das geht entweder mit einem Aufzug oder über eine Treppe. Von dem Saal aus, den wir dann erreichen, ist ein linker und ein rechter Teil der Höhle zu besichtigen.

Unser Führer beginnt links. In diesem Trakt gibt es vor allem beeindruckende Stalagmiten und Stalaktiten zu sehen. Mir persönlich gefällt der rechte Teil der Höhle besser. Hier sind mehrere unterirdische Seen und ein Saal, der mit ultraviolettem Licht beleuchtet wird. Auf diese Weise leuchten die Spitzen der Tropfsteine in einem eigenartigen fluoreszierenden Licht auf. Ein besonderer Genuss ist auf dieser Tour der Rückweg. Im sogenannten „Schwarzlichtsaal“ wird das Licht etwas verändert, was dazuführt, dass sich die Decke im teilweise nur 10 cm tiefen Wasser spiegelt. Es entsteht die Illusion einer tief unter dem Wasserspiegel liegenden futuristischen Stadt. Die im Zentrum stehende Kathedrale hätte ich allerdings auch ohne Glockenklang vom Tonband erkannt.

Die 42 FF (Kinder 32 FF) haben wir jedenfalls nicht bereut. Vom Parkplatz aus fahren wir wieder ein Stückchen zurück bis wir am Ortseingang von LACAVE auf der rechten Seite zur Abzweigung nach PINSAC kommen.

In PINSAC müssten wir eigentlich in der Ortsmitte nach MAYRAC abbiegen. Ich möchte Ihnen allerdings noch eine Übernachtungsmöglichkeit zeigen und Sie bitten mir noch ein kurzes Stück in Richtung SOUILLAC zu folgen. Fast am Ortsende liegt auf der linken Seite der „Salle des Fêtes“. Daneben gibt es Stellplätze auf einer Wiese und eine Ver- und Entsorgungsstation vom Typ „Flot Bleu“. Vor einigen Jahren sah meine Frau morgens auf dem Weg zur Bäckerei eine Postkarte einer Nussölmühle. Neugierig wie wir sind, haben wir uns gleich dahin auf den Weg gemacht. Sie hat uns so gut gefallen, dass ich Sie jetzt mitnehmen will auf einen Umweg nach MARTEL, bevor wir nach SOUILLAC fahren.

Konkret heißt das, dass wir bei der Ausfahrt des Stellplatzes nach rechts abbiegen und dann auf der linken Seite auf das Schild nach MAYRAC achten. Ab hier ist MARTEL schon ausgeschildert und der Straßenzustand wird beim Erreichen der D 703 ein bisschen besser. Den grauen Übernachtungsplatz den ich eingezeichnet habe finden Sie nach der ersten Kreuzung im Ort, die Sie geradeaus überqueren, links der Fahrbahn. Einen zweiten Platz, der allerdings näher an der Straße liegt, finden Sie, wenn Sie an der erwähnten Kreuzung nach rechts abbiegen direkt auf der rechten Seite. Allerdings ist nachts hier nicht mit viel Verkehr zu rechnen.

Der Name der Stadt klingt nicht nur zufällig nach Karl Martell. Er war es, der an dieser Stelle eine Kirche errichten ließ, weil er über die Araber siegte. Das ganze hatte sich in der Mitte des 8. Jahrhunderts abgespielt. Um die Kirche entstand ein Dorf, dann eine Stadt, die brauchte einen Namen und man besann sich auf den Gründer. Das können Sie nun glauben oder nicht. Auf jeden Fall ist es eine schöne Geschichte.

Es lohnt sich auf jeden Fall den Ort zu besichtigen. Er ist so übersichtlich, dass ich mir eine Beschreibung sparen kann. Herausragende Sehenswürdigkeiten gibt es nicht, es ist allein das mittelalterliche Flair, das die Stadt interessant macht.

Die Nussölmühle war ja eigentlich der Anlass MARTEL überhaupt aufzusuchen. Nach dem Spaziergang durch den Ort wissen Sie ja jetzt wo die Kirche St-Maur steht. Dort verlassen wir den Ort und achten auf die Schilder „Moulin à Huile de Noix“. Es geht zwar etwas kreuz und quer durch die Landschaft, die Mühle ist jedoch gut zu finden. Der Ölmüller (oder wie soll ich ihn nennen?) erklärt den ganzen Prozess der Ölgewinnung einschließlich der dazu nötigen Pressen und Öfen. Im Herbst können Sie sogar bei einem ganzen Arbeitsablauf zuschauen. Da er sehr schnell spricht und viele Fachausdrücke verwendet, unterhalte ich mich nach der offiziellen Führung (die übrigens nach Bedarf stattfindet) mit ihm und lasse mir die nicht verstandenen Passagen nochmals erklären. Er ist dabei sehr hilfsbereit und freut sich über mein Interesse. Anschließend probieren wir noch sein Nussöl und einen leckeren Nusslikör. Selbstverständlich können Sie beides käuflich erwerben.

Auf der Suche nach den Schildern zur Ölmühle ist mir ein Hinweisschild zum „Reptiland“ aufgefallen. Da es noch früh am Tag ist, wollen wir uns auch noch Reptilien anschauen. Hauptsächlich Schlangen sind es, die wir hier besichtigen können. Da ich bei vielen Zoo- und Tierparkbesuchen in FRANKREICH den Eindruck gewonnen habe, dass die Präsentation der Tiere Vorrang vor der artgerechten Haltung hat, bin ich immer etwas skeptisch beim Betreten von Tiergehegen in unserem Nachbarland. Pancho Gouygou, der Gründer des Reptilariums, propagiert eine Methode der Desensibilisierung indem er die „Besucherzone“ und die „Kontaktzone“, in die auch Menschen zur Fütterung oder Reinigung eindringen können, konsequent trennt. Die Tiere sollen dadurch lernen, dass Ihnen von den Besuchern keine Gefahr droht und stressfreier leben. Die Schlangen selbst waren zu keiner Stellungnahme zu überreden. Monsieur Gouygou wirkt auch in anderer Hinsicht desensibilisierend: Wenn Sie an der Kasse zu erkennen geben, dass Sie Angst von Spinnen oder Schlangen haben, wird eine spezielle Führung für Sie organisiert.

Die Phobie soll schon nach einem einmaligen Besuch abgebaut werden. Da meine gesamte Familie Reptilien gegenüber sehr aufgeschlossen ist, kann ich hierzu wenig sagen. Gefallen hat es uns auf jeden Fall.

Es wird Zeit weiterzufahren. Wie Sie auf der Karte sehen können, müssen wir ein Stück auf der D 703 zurückfahren. Unser nächstes Ziel heißt SOUILLAC. Am ersten Kreisel biegen wir in der Stadt zum Zentrum ab. Um zum Übernachtungsplatz zu kommen müssen wir anschließend an der nächsten Ampel nach rechts weiterfahren in Richtung Sarlat. Kurze Zeit später sehen Sie schon die Hinweisschilder zum Womo-Platz nach links weisen. Der Platz ist jedoch weit außerhalb der Stadt an einem Sportzentrum gelegen, so dass wir uns zuerst für die Stadtbesichtigung einen zentrumsnahen Parkplatz suchen. Um ehrlich zu sein: viel zu besichtigen gibt es nicht. Glücklicherweise sorgt ein Trödelmarkt für etwas Abwechslung. Andererseits ist es immer eine Wohltat den Platz hinter dem Lenkrad für ein paar Stunden zu verlassen.

Da wir heute noch nach DOMME wollen, bleibt es mir allerdings nicht erspart, den Platz wieder einzunehmen. Die Richtung SARLAT, die wir auch zum Übernachtungsplatz einschlagen, ist schon mal richtig. Jetzt fahren wir eigentlich direkt an der *Dordogne* entlang, sehen sie allerdings selten. Ein einziges Mal müssen wir aufpassen! Wenige Kilometer hinter der Abzweigung nach CARLUX biegt unsere Route von der Vorfahrtsstraße nach links ab. Die Schilder zeigen zum „Vallée de la *Dordogne*“ und nach LA ROQUE-GAGEAC.

Obwohl sich die *Dordogne* scheu versteckt hält, präsentiert sie sich bei einer ihrer Eskapaden. Am Cingle de Montfort macht sie einen großen Bogen. Ein kleines Hinweisschild und ein ebenso kleiner Parkplatz machen auf die Sehenswürdigkeit aufmerksam. Halten Sie an und bewundern Sie das Panorama. Ist es nicht herrlich? Als Dreingabe steht malerisch gegenüber das Château de Montfort.

DOMME habe ich zum ersten Mal im Frühjahr besucht und auf einem herrlichen Stellplatz, den mir Ralf Gréus (ein weiterer Autor der Womo-Reihe) empfohlen hatte, die Nacht verbracht. Begeistert davon, wollte ich das Erlebte im Sommer mit der ganzen Familie nachvollziehen. Es war chaotisch! Die Straßen waren trotz Halteverbot von PKW zugeparkt. Es war Millimeterarbeit sich durch die engen Straßen zu tasten. Plötzlich ging gar nichts mehr. Die einzige Möglichkeit war, mit

Domme

eingeschaltetem Warnblinker entgegen der Fahrtrichtung einer Einbahnstraße zu fahren. Schneller als ich in den Ort hereingefahren bin, war ich wieder draußen. Machen Sie den gleichen Fehler nicht auch und folgen Sie mir auf der Alternativroute.

Wenn Sie nach VITRAC-PORT kommen fahren Sie nach links und dann gleich wieder. Sie sehen hier schon die Schilder für „Omnibusse und Wohnmobile nach DOMME". Nach der Überquerung der *Dordogne* brauchen Sie diesen Wegweisern immer nur zu folgen. Keine Angst vor dem Schild „Höhenbegrenzung 3,20 m nach 4,5 km". Bis dahin sind wir längst auf einem Parkplatz mit Übernachtungsmöglichkeit.

Vom Parkplatz aus laufen Sie bequem in einer viertel Stunde in den Ort und brauchen sich nicht um den Verkehr zu kümmern. In aller Ruhe können wir durch die Straßen und über die Reste der Stadtmauer schlendern. Natürlich verrate ich Ihnen auch wo ich damals so schön übernachtet hatte. Hinweisschilder zum „Jardin Public" finden Sie im Zentrum; davor ist ein Parkplatz. Von hier oben haben Sie einen wunderschönen Blick über die *Dordogne*.

Blick auf die Dordogne von Domme aus

TOUR 9 (52 km)

Domme — Sarlat-la-Canéda — Grotte de Lascaux — Montignac

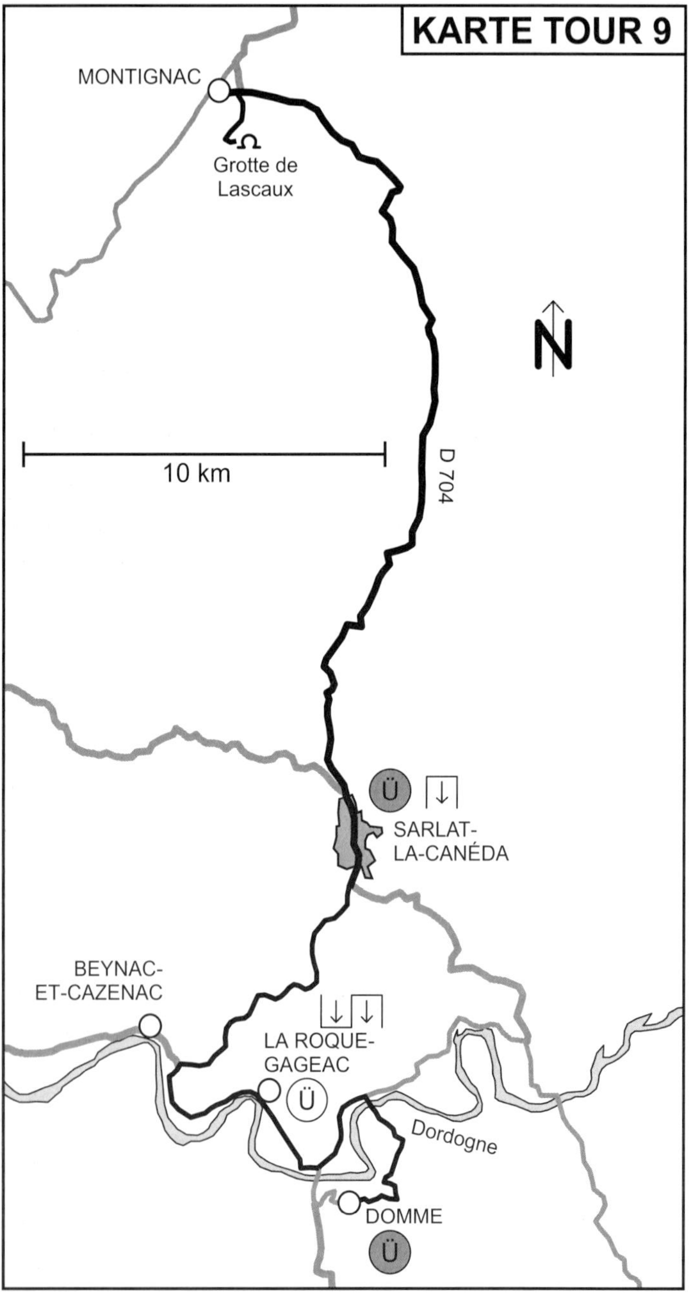

Übernachten:	La Roque-Gageac, Sarlat-la-Canéda
Besichtigen:	Schlosspark von Marqueyssac, Sarlat-la-Canéda, Grotte de Lascaux
Markt:	Sarlat-la-Canéda (Sa.)

Von DOMME aus fahren wir das Stück bis zur Überquerung der *Dordogne* wieder zurück. Nach der Brücke biegen wir links ab und folgen den Wegweisern nach LA ROQUE-GAGEAC. Dort erwartet uns am Ortseingang auf der linken Seite ein Stellplatz mit Ver- und Entsorgungsstation. Die Übernachtung kostet 20 FF.

Der Ort ist überschaubar klein, eine Besichtigung im Eildurchlauf ist eine Sache von einer viertel Stunde. Sie sollten sich aber mehr Zeit nehmen, weil die Aussicht über die *Dordogne* neben DOMME zu den schönsten gehört die ich kenne. Wenn Sie die engen Gassen, die sich an den Felsen schmiegen, hochgehen werden Sie sich in einer mediterranen Vegetation wiederfinden. Aber es ist immer wieder der Blick auf den Fluss, der uns begeistert. Hoch über sich sehen Sie eine helle Stelle am Felsen. Dort brach 1957 ein Steinkoloss heraus und erschlug mehrere Häuser mitsamt ihren Bewohnern.

La Roque-Gageac

Unser weiterer Weg führt uns erst einmal in Richtung BEYNAC, kurz vor dem Ort biegen wir jedoch rechts ab nach SARLAT-LA-CANÉDA. Kurz nach der Abzweigung fahren wir noch einmal einen kleinen Weg nach rechts hinein zum Park von Marqueyssac. Hier verbringen wir den Rest des Vormittags zwischen allerlei Büschen, Bäumen und Kräutern. Ganz am Ende des Parks haben wir am Belvédère — wieder einmal — einen herrlichen Blick über die *Dordogne*. Aufgelockert

„Kiosque" im Schlosspark von Marqueyssac

wird der Park durch eine Voliere, eine kleine Kapelle, eine Kletterwand und einem Kiosque. Das ist ein aus aufeinandergeschichteten Steinen errichtetes Lagerhäuschen.

Unser Weg führt uns weiter nach SARLAT, eine meiner Lieblingsstädte. Ich war sehr erfreut vor einigen Jahren ein Hinweisschild auf eine Entsorgungsanlage zu sehen. Nach einem Kreisel fahren wir zum Zentrum. Wir sind jetzt in einer Einbahnstraße und ordnen uns links ein. Jetzt können Sie den Schildern mit dem Womo-Symbol an der ersten Ampel nach links abbiegend folgen. Es geht einen kleinen Hügel hoch und wir kommen oben an einen Parkplatz. Beim genauen Hinsehen finden Sie neben einer Toilette eine Betonplatte mit einem Ablauf in der Mitte. Das war's dann schon. Einen Wasserhahn konnte ich nicht entdecken. Und das Klohäuschen schien mir nicht die ideale Umgebung um dort Wasser zu fassen. Also nichts besonderes! Meist parkt auch noch ein PKW guten Gewissens über dem Gully. Als inoffizieller Übernachtungsplatz hat sich der nicht asphaltierte Platz neben dem Parkplatz etabliert.

Von hier aus sind es etwa 10 Minuten zu Fuß bis zur Altstadt. Sie gehen dazu den Hügel wieder hinunter und halten sich links. Am Postamt überqueren Sie die Hauptverkehrsader der Stadt und gehen dort, wo es einigermaßen verkehrsberuhigt aussieht in die Rue de la République. Hier finden Sie schon jede Menge Läden. Der schönste Teil der Stadt liegt jetzt rechts von Ihnen.

Hier möchte ich noch einfugen, dass SARLAT mitten im PÉRIGORD NOIR liegt. Eine Spezialität ist die Gänseleberpastete. Ganz gleich wie man zu dieser Tierquälerei steht, die Stopfleber ist allgegenwärtig und ein wichtiges Handelsprodukt. Den Gänsen hat man hier sogar ein Denkmal gesetzt. Das werden Sie allerdings nicht als erstes finden, es hat aber so gut auf diese Seite gepasst, dass ich damit beginnen wollte.

Maison de La Boétie in Sarlat

Finden werden Sie auf jeden Fall die Kathedrale. Direkt gegenüber liegt das Geburtshaus von Antoine de La Boétie, das auf fast jeder Postkarte abgebildet ist. Deshalb fehlt es natürlich auch hier nicht. Der Herr war Jurist, Abgeordneter und — wohl zum Ausgleich — Schriftsteller. In letzter Eigenschaft hat er Gedichte geschrieben und Werke griechischer Autoren übersetzt. Wenn Sie jetzt ganz einfach ziellos weiterschlendern kommen Sie irgendwann zum Fremdenverkehrsamt. Dort können Sie sich einen Stadtplan besorgen und die weiteren Sehenswürdigkeiten Punkt für Punkt ablaufen. Mir persönlich macht es allerdings mehr Spaß mich mit dem Menschenstrom treiben zu lassen. Wenn's mir zuviel wird, biege ich in ruhigere Straßen ab. Auf diese Weise lerne ich einen Ort ebenfalls kennen — und in diesem Fall auch lieben. Oberhalb der Kirche finden Sie den Friedhof mit einer interessanten Totenlaterne. Nähere Erläuterungen zu diesen Bauwerken finden Sie im Band 26 der Womo-Reihe: „Mit dem Wohnmobil an die französische Atlantikküste Teil 1, der Norden".

Totenlaterne in Sarlat

Eines möchte ich Ihnen noch ans Herz legen: SARLAT bei Nacht! Beim Schein der Gaslaternen fühlen Sie sich wirklich ein paar hundert Jahre zurückversetzt. Im Sommer wird überall etwas geboten: Straßenmusiker, Karikaturisten, Theatertruppen, Clowns, Pantomimen und Puppenspieler sorgen für Kurzweil.

Wir wollen allerdings noch einige Jahrhunderte weiter in die Vergangenheit reisen. LASCAUX II ist unser nächstes Ziel. LASCAUX ist eine der kunsthistorisch wichtigsten Höhlen in FRANKREICH. 1940 entdeckten einige Jugendliche beim Spiel zufällig die Höhle, die bei Archäologen die größte Begeisterung hervorrief. Acht Jahre später war die Höhle für die Öffentlichkeit zugänglich, was ihr allerdings sehr schlecht bekommen ist. 1963 hat man daher die Höhle wieder für den Publikumsverkehr geschlossen. Damit war aber auch eine wichtige Einnahmequelle versiegt. Man entschloss sich zu einem aberwitzigen Projekt: 200 Meter neben LASCAUX wurde eine Faksimile-Grotte errichtet, eben LASCAUX II.

Unzählige Archäologen, Geologen und Künstler waren von nun an damit beschäftigt LASCAUX zu vermessen, zu fotografieren, zu übertragen und neu zu malen. Dabei bedienten sie sich der selben Verfahren, wie sie auch unsere Vorfahren benutzt haben sollen. Die eindrucksvollen Malereien sollten nicht länger den Blicken der Öffentlichkeit vorenthalten bleiben und die Originale trotzdem geschützt bleiben.

Soviel zur Vorrede. Wir verlassen jetzt SARLAT in Richtung MONTIGNAC, das hier schon ausgeschildert ist. Über die D 704 erreichen wir den Ort nach 26 Kilometern. Weit vorher können wir schon die Hinweisschilder nach LASCAUX sehen. MONTIGNAC ist auf den Höhlentourismus bestens eingestellt. Eine ringförmige Einbahnstraße lenkt den Verkehr zum Fremdenverkehrsamt. Riesige Schilder weisen darauf hin, dass die Eintrittskarten zur Grotte nur im Syndicat d'Initiative zu erhalten sind. Unmöglich das Gebäude zu verfehlen.

Hier können Sie sich nun zu einem Besuch anmelden und auch noch angeben in welcher Sprache Sie denn gerne geführt werden wollen. Die netten Damen überreichen Ihnen dann Ihr Ticket zu 50 FF und versehen es mit einer Uhrzeit. Sie werden genügend Zeit haben auch noch MONTIGNAC eingehend kennenzulernen.

Wir fahren stattdessen hoch zur Höhle und machen auf dem Parkplatz ein ausgedehntes Picknick. Eine Zufahrtsbeschreibung brauchen Sie nicht. Fahren Sie einfach den größten Schildern nach!

Es ist soweit! Wir dürfen ins Allerheiligste eintreten. Fotografieren ist natürlich streng verboten. Schließlich sollen die Farben aus dem Jahr 1980 n. Chr. nicht leiden. Deshalb sehen Sie hier auch kein Bild. Die ersten beiden Räume sind als Museum eingerichtet und dienen dem Führer zu allgemeinen Erläuterungen. Dann endlich kommen wir in die Nachbildung von LASCAUX. Um ehrlich zu sein: Es ist wohl alles wunderbar detailgetreu, und authentisch nachgemalt — aber eben nachgemalt. Das Gefühl vor Jahrtausenden alten Bildern zu stehen will mich einfach nicht ergreifen.

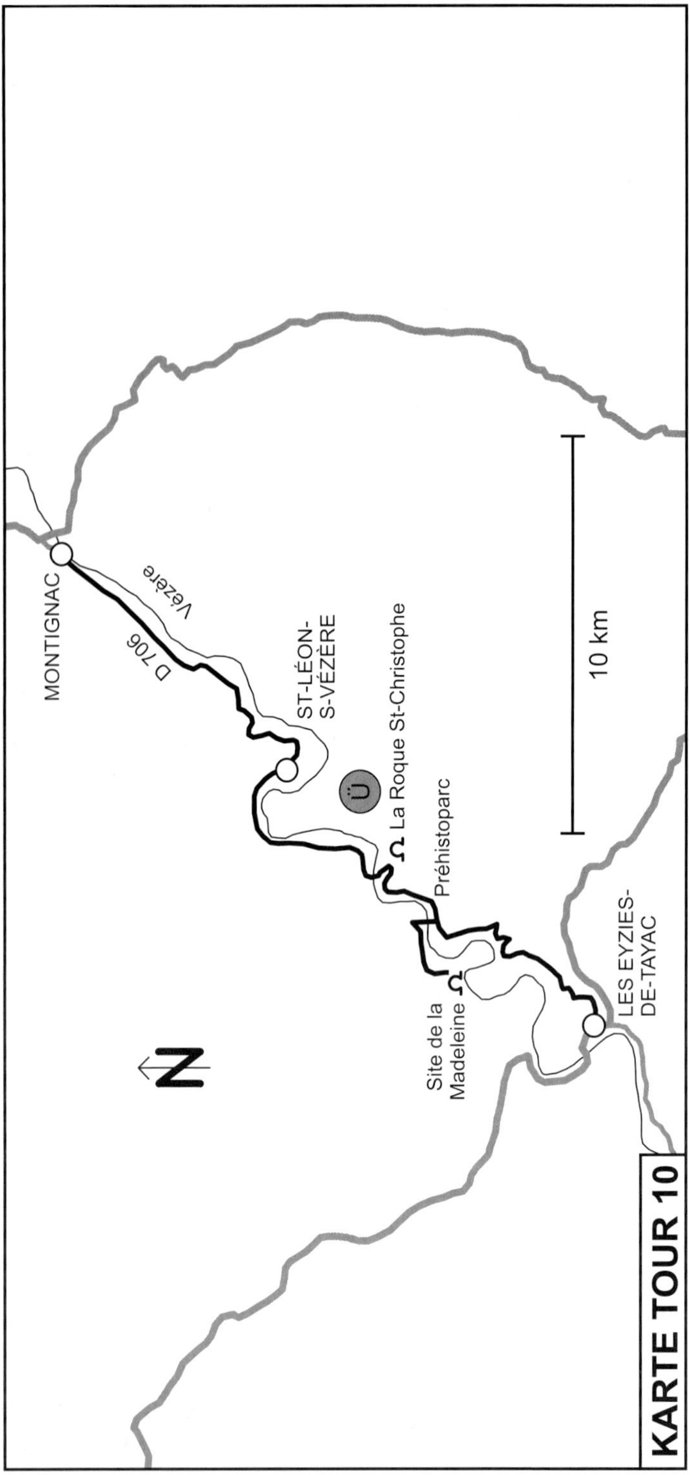
KARTE TOUR 10
MONTIGNAC
D 706
Vézère
ST-LÉON-
S-VÉZÈRE
Ü
La Roque St-Christophe
Préhistoparc
Site de la
Madeleine
LES EYZIES-
DE-TAYAC
10 km
N

TOUR 10 (30 km)

Montignac — St-Léon — La Roque St-Christophe — Préhistoparc — Les Eyzies

Übernachten:	La Roque St-Christophe
Besichtigen:	La Roque St-Christophe, Préhistoparc, Site de la Madeleine
Markt:	Montignac (Mi. u. Sa.), Les Eyzies-de-Tayac (Mo.)

Von LASCAUX II aus fahren wir zurück nach MONTIGNAC und ergeben uns dort wieder den Einbahnstraßen. Wir überqueren noch einmal die *Vézère* und verlassen den Ort in Richtung LES EYZIES.

Nach ST-LÉON kommen die Sehenswürdigkeiten Schlag auf Schlag. Da wäre zuerst einmal der ROQUE ST-CHRISTOPHE zu nennen, den die UNESCO gar zum Weltkulturerbe erklärt hat. Der gewaltige Felsen ist von der D 706, auf der wir seit Montignac fahren, unübersehbar ausgeschildert. Durch ein schmales Felsentor, bei dessen Durchfahrung ich die Vorstellung eines entgegenkommendes Reisebusses nicht loswerde, erreichen wir einen Parkplatz. Dessen oberer Bereich ist speziell für Wohnmobile vorgesehen. Hier können Sie auch übernachten, wenn Sie die Abgeschiedenheit lieben.

Gesamtansicht des Roque St-Christophe

Eingangspforte am Roque St-Christophe

Am Kassenhäuschen können Sie sich eine Beschreibung in deutscher Sprache ausleihen oder für 10 FF käuflich erwerben. Der Eintritt beträgt 34 FF, Kinder kosten die Hälfte.

Gleich darauf kommen wir zum wächterbewehrten Eingangstor. Danach tauchen wir in ein Ensemble ein, das seit mehr als 70 000 Jahren besiedelt war. Neandertaler waren die ersten Bewohner, die vor 40 000 Jahren vom Cro-Magnon, unserem eigentlichen Vorfahren, abgelöst wurden. Bis am Ende des 16. Jahrhunderts in den Religionskriegen die Stadt durch Heinrich III. zerstört wurde haben hier immer Menschen gewohnt.

Wir kommen zuerst in einen Bereich, der im Mittelalter als Festung ausgebaut war. Bei den häufigen kriegerischen Auseinandersetzungen war dies auch nötig. Normannen, Engländer und schließlich die jeweils andere Konfession versuchte den Felsen einzunehmen. Sehr schön sind noch die eckigen Vertiefungen im Boden und an den Wänden zu sehen, in denen Holzbalken verankert waren, die als Gerüst für ein Dach und Wände waren. Die Felswand bildete dabei die Rückfront. Verschiedenen Räumen kann man sogar eine Funktion zuordnen. So gibt es hier ein Schlachthaus und eine Räucherkammer.

Nachbildung eines mittelalterlichen Krans

Aus dem Fels gehauene Treppe

Durch einen Tunnel kommen wir in den Hauptteil des Massivs. Wenn nicht allzuviele Menschen unterwegs sind ist allein schon das Ausmaß beeindruckend. Ganz zu schweigen von dem Blick über das Tal der *Vézère*, der sich von hier oben bietet. In diesem Teil der Anlage finden wir mit viel Fantasie die Überreste einer Kirche und Grabstätten. Wenn Sie uns bis an die Absperrung vor dem menschengetriebenen Kran folgen können Sie hier anhand einer Zeichnung ein ausgeklügeltes Frühwarnsystem kennenlernen. Wenn in LE BUGUE, 17 Kilometer von hier entfernt, ein feindliches Schiff auf der

Feuerstelle

Vézère gesichtet wurde stieß ein Wächter dort in sein Horn und setzte damit eine Kette von Bläsern in Gang, die jeweils in Hörweite voneinander postiert waren. Nach drei Minuten kam das Signal in ROQUE ST-CHRISTOPHE an und man konnte mit den notwendigen Verteidigungsmaßnahmen beginnen.

Der Kampf mit dem Bären

Ab hier geht es jetzt wieder durch den Tunnel zurück. An einer großen Steintreppe vorbei erreichen wir schließlich die Wohnung der Archäologen. In Vitrinen sind auch Fundstücke ausgestellt. Kurz vor dem Ausgang ist noch eine Kampfszene dargestellt. Ein Bär ist in eine Behausung eingedrungen und wird vom tapferen Hausherrn getötet.

Am Kassenhäuschen vorbeigehend erreichen wir schließlich wieder unser Womo. Eigentlich lohnt es kaum richtig Platz zu nehmen, nach wenigen Kilometern erwartet uns schon die nächste Sehenswürdigkeit. Durch das enge Felsentor (wieder kein Bus entgegengekommen!) kommen wir wieder zur bekannten D 706. Wir biegen links ab und achten — ebenfalls auf der linken Seite — auf den Parkplatz am Préhistoparc. Hier wurden Szenen aus dem Leben der Steinzeitmenschen nachgebildet und die sind für kleine und große Kinder gleichermaßen interessant.

Die Figuren wurden mit wissenschaftlicher Unterstützung nach Knochenfunden modelliert. Auch die Lebensumstände und die Tierwelt sind belegt. So könnte es also früher tatsächlich zugegangen sein.

Das Wichtigste war natürlich die Nahrung zu besorgen. Daher verbrachten die Männer einen Großteil des Tages mit Jagen und Fischen. Da die Tiere gefährlich und die Bewaffnung der Männer spärlich war, jagte man wohl im Team. Bei

Im Préhistoparc: Heimkehr von der Jagd

Beerensammlerin mit Nachwuchs

der Zerlegung der Beute musste die ganze Familie mit anpacken. Die Frauen sammelten Früchte und Wurzeln.

In dieser Zeit entwickelte sich auch eine Kultur. Die Menschen begannen Felsritzungen herzustellen oder mit in der Natur vorkommenden Farben zu malen. Auch Skulpturen wurden aus Knochen oder Stoßzähnen herausgearbeitet. Diese künstlerische Betätigung wird im Préhistoparc mit einigen Szenen gewürdigt.

Mammutjagd im Préhistoparc

Wenn Sie vom Parkplatz aus in Richtung LES EYZIES weiterfahren, können Sie kurz nach dem PRÉHISTOPARC nach rechts die *Vézère* überqueren und zur SITE DE LA MADELEINE fahren. Hierbei handelt es sich wie beim ROQUE ST-CHRISTOPHE um ein Höhlendorf. Hier sind allerdings in der Regel weniger Besucher und es wird etwas mehr Wert auf die archäologischen Arbeit gelegt. Wie penibel man hier sein kann merken Sie schon am Parkplatz. Einem Schild können Sie entnehmen, dass es noch 152 Meter zum Eingang sind.

Schließlich kommen wir nach LES EYZIES und damit zum Ende unserer Tour. Wir sind jetzt mitten im Zentrum der

Gerichtsverhandlung

Vorgeschichte. Jede Menge Höhlen und archäologische Fundstätten finden Sie hier auf engstem Raum. Eine besondere Empfehlung möchte ich Ihnen nicht geben. Suchen Sie sich aus, was Sie interessiert. Lediglich auf das Musée National de la Préhistoire möchte ich Sie aufmerksam machen. Hier ist eine umfangreiche Sammlung von prähistorischen Funden zu bestaunen. Das Museum ist in der Nähe des riesigen Neandertalers, der über die Stadt wacht.

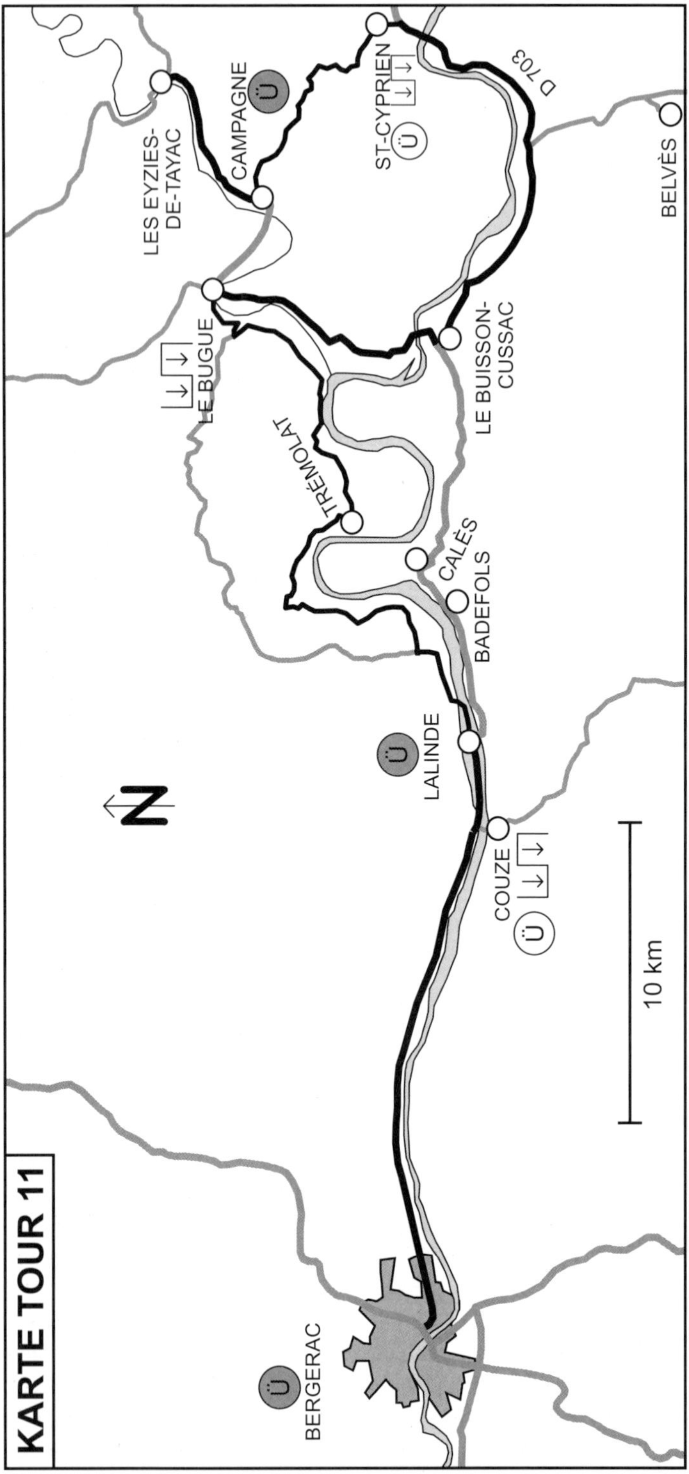

KARTE TOUR 11
LES EYZIES-DE-TAYAC
CAMPAGNE
ST-CYPRIEN
D 703
BELVÈS
LE BUGUE
LE BUISSON-CUSSAC
TRÉMOLAT
CALÈS
BADEFOLS
LALINDE
COUZE
10 km
N
BERGERAC

TOUR 11 (65 km)

Les Eyzies — St-Cyprien — Le Bugue — Trémolat — Lalinde — Bergerac

Übernachten:	Campagne, St-Cyprien, Lalinde, Couze, Bergerac
Besichtigen:	Museumsdorf Le Bournat; Aquarium du Périgord Noir, Cingle de Trémolat
Markt:	Les Eyzies-de-Tayac (Mo.), St-Cyprien (So.), Siorac (Mi.), Le Bugue (Di. u. Sa.), Limeuil (So.), St-Capraise-de-Lalinde (So.)

In LES EYZIES richten wir uns nach den Schildern in Richtung LE BUGUE. Auf halbem Weg erreichen wir CAMPAGNE. Hier können Sie am Ortseingang rechts übernachten. Wir biegen in dem Dorf nach links ab und fahren nach ST-CYPRIEN. Außer einer schönen Hauptstraße mit alten Häusern finden Sie hier auch einen offiziellen Übernachtungsplatz mit Ver- und Entsorgungsmöglichkeiten. Dazu folgen Sie uns am Beginn des Ortes nach links in Richtung „SARLAT par Centre Ville“. Vor einer Tankstelle wenden wir uns nach rechts und biegen dann bei der zweiten Möglichkeit wieder nach rechts ab.

Wir stehen jetzt auf einem Parkplatz, auf dem 8 Stellplätze für Reisemobile reserviert sind. Mittendrin steht eine Versorgungsstation Marke Eigenbau. Während genügend Wasserhähne vorhanden sind, bereitet die Entsorgung Probleme. Der Erbauer hätte sich vielleicht vorher doch mal ein Wohnmobil anschauen sollen. Für einen kleinen Verdauungsspaziergang vor dem Schlafengehen ist der Ort gerade groß genug und die Gefahr sich zu verlaufen droht hier nicht.

Um den Ort zu verlassen fahren wir erst wieder hoch zur Tankstelle und biegen dort rechts ab. Bis zum Ortsende folgen wir den Schildern „SARLAT par Vallée de *Dordogne*“. Sobald BERGERAC ausgeschildert ist müssen wir allerdings diesen Schildern folgen. Wir erreichen die D 703 und fahren über SIORAC nach LE BUISSON-CUSSAC. Hier biegen wir ein letztes Mal in Richtung LE BUGUE ab, bevor wir uns die Füße wieder ein bisschen vertreten wollen. Wenn Sie nicht schon wieder durch ein sehenswertes Städtchen schlendern wollen, können Sie sich einer der beiden Attraktionen des Ortes zuwenden. Wenn Sie vom Zentrum aus in Richtung Les Eyzies fahren, müssen Sie nach den Schildern zum Aquarium oder „Le Bournat“ achten. Biegen Sie dort nach rechts ab und parken Sie auf dem großzügigen Gelände. Wenn es gerade an der Zeit ist, können Sie am Ufer der *Vézère* an Holztischen ein idyllisches Picknick abhalten und sich dabei überlegen ob Sie das Aquarium du Périgord Noir oder das Museumsdorf Le Bournat besuchen wollen.

Das größte private Aquarium Frankreichs ist sicher einen Besuch wert. In den riesigen Becken tummeln sich die Fische unter freiem Himmel. Die Besucher sind es, die in einer Art künstlichem Tunnel in die Unterwasserwelt eintauchen. Der Eintrittspreis von 48 FF (Kinder 36 FF) lohnt sich auf jeden Fall.

Mir persönlich gefällt allerdings das Museumsdorf besser. Besonders unsere Kinder haben hier ihre Freude. Die Bewohner sind nämlich nicht alle so statisch wie hier auf den Bildern. Es gibt auch Menschen aus Fleisch und Blut, die alte Handwerkskunst ausüben. Ein alter Franzose ist damit beschäftigt, an 2 Meter langen Drähten auf beiden Seiten eine Öse zu drehen. Da mir der Sinn dieser Arbeit nicht einleuchtet, beginnt er zu erklären. Mein Französischlehrer hätte seine Aussprache höchstens mit mangelhaft bewertet. Auch von seinem Wortschatz sind mir nur wenige Begriffe geläufig. Erst als er nach einigen Sätzen in mein verständnisloses Gesicht blickt und ich ihm überdies sage, dass ich Deutscher bin, gibt er sich Mühe. Als ich jedoch immer noch bei vielen Wörtern

Klassenzimmer um 1900

Wäscherin in Le Bournat

um eine Erklärung bitte, legt er das Werkzeug zur Seite und wir gehen gemeinsam zur Scheune. Hier zeigt er mir, dass er die Drähte fertigt, mit denen die Strohballen zusammengebunden sind. Und weil ihm das Erzählen weit mehr Spaß macht als das Ösenbiegen gehen wir gleich weiter zur dampfmaschinengetriebenen Dreschmaschine, die er mir in allen Einzelheiten erklärt. Anschließend übergibt er uns in die Ob-

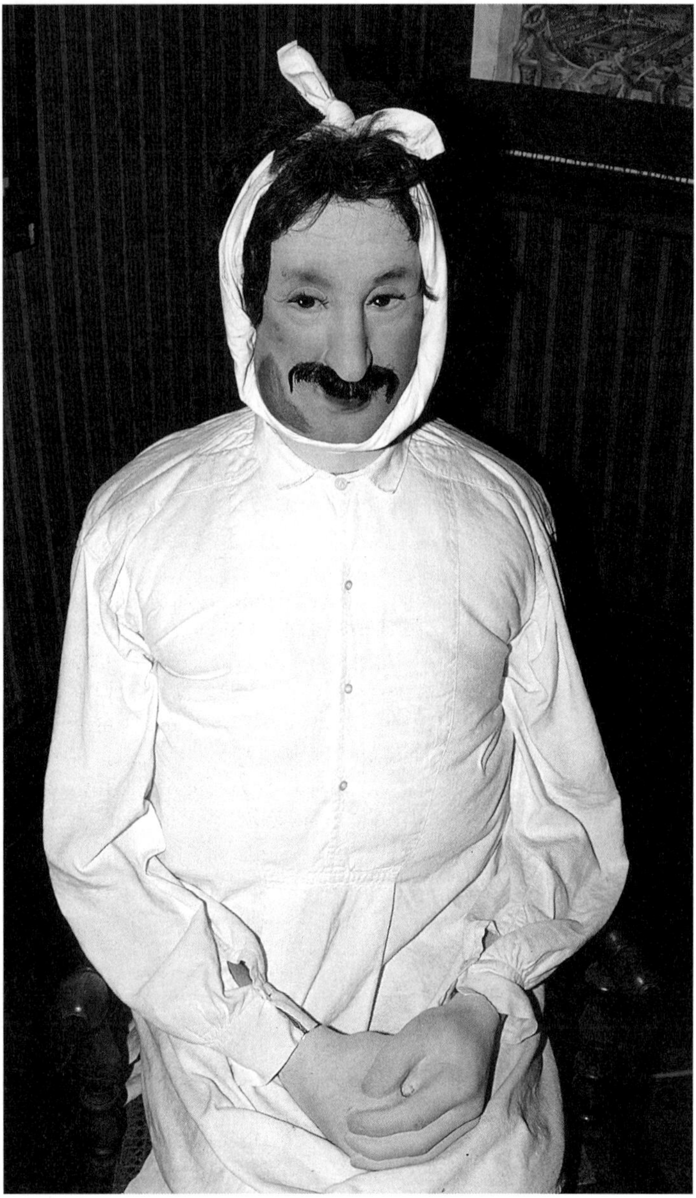

Beim Zahnbrecher

hut des Hufschmieds mit der Bitte uns Deutschen doch zu erklären, wie hier früher die Kühe beschlagen wurden.

Wir verbringen hier einen ganzen Nachmittag. So viel gibt es zu sehen. Als Belohnung für unsere Kinder gibt es im zweiten Teil des Dorfes noch einen kleinen Vergnügungspark mit alten Jahrmarktsattraktionen. Die Benutzung ist frei.

Wenn Sie das wollen können Sie sich einer Führung in deutscher Sprache anvertrauen. Dabei werden Sie allerdings in etwas mehr als einer Stunde durch das Dorf durchgeschleust. Wenn Sie auf eigene Faust besichtigen wollen erhalten Sie an der Kasse leihweise mehrere DIN A 4 Blätter mit deutschen Erläuterungen. Der Eintritt beträgt 50 FF für Erwachsene, 30 FF für Kinder.

Zurück im Zentrum von LE BUGUE haben Sie jetzt mehrere Möglichkeiten. Sie können der Höhle von Bara-Bahau oder dem Gouffre de Proumeyssac einen Besuch abstatten. Sie können auf Seite 225 nachlesen, wo eine Ver- und Entsorgung möglich ist. Sie können aber auch mit uns weiterfahren.

Wir folgen der Beschilderung nach LIMEUIL und TRÉMOLAT. In LIMEUIL machen wir noch einen kleinen Spaziergang um uns das mittelalterliche Stadtbild anzuschauen. Ab jetzt richten wir uns nach den Schildern zum „Cingle de Trémolat“. Am höchsten Punkt der engen Straße finden wir rechts einen kleinen Parkplatz. Wir überqueren die Straße und haben eine sehr schöne Aussicht auf die mittlerweile mit der *Vézère* vereinigte *Dordogne*. Bis LALINDE wird die Straße immer besser. Dort können Sie auf zwei Plätzen übernachten. Bei der Einfahrt in die Stadt müssen Sie einer Ring-Einbahnstraße nach rechts folgen. Die Straße macht bald eine Biegung nach links. Wenn Sie zentrumsnah stehen wollen, können Sie sich hier einen Platz suchen. Wer's gern etwas einsamer hat fährt noch ein paar Meter weiter und folgt dem Schild zu den parkings. Überqueren Sie den Kanal und biegen Sie dann rechts ab, fahren Sie an der Gendarmerie und am Bahnhof vorbei und parken Sie auf dem rechts liegenden Parkplatz.

Auf unserem weiteren Weg nach BERGERAC kommen wir durch PORT-DE-COUZE. Von hier aus können Sie einen Abstecher nach COUZE machen, wo Sie übernachten und entsorgen können. Fahren Sie nach der Überquerung der *Dordogne* immer in Richtung Campingplatz. In der Ortsmitte geht's rechts ab, dann gleich wieder links. Außerhalb des Platzes finden Sie die Station.

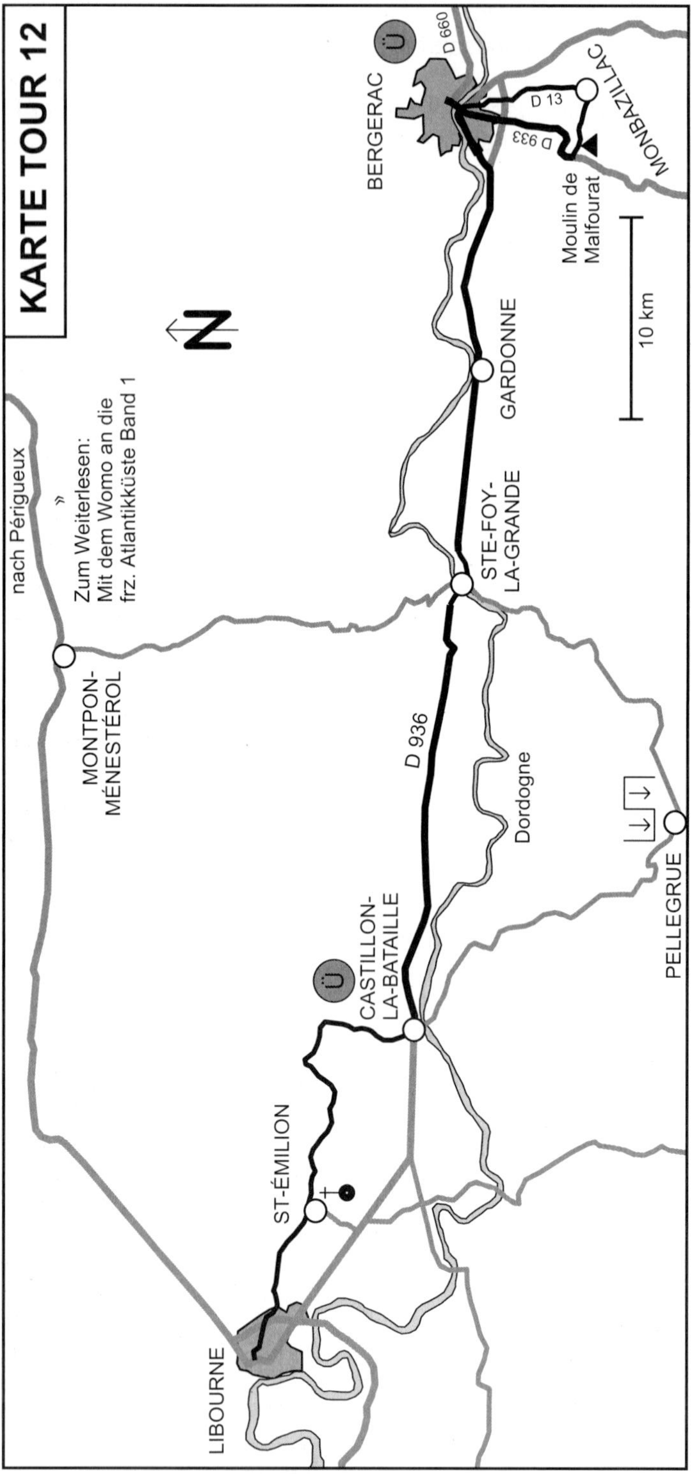
KARTE TOUR 12
nach Périgueux
»
Zum Weiterlesen:
Mit dem Womo an die
frz. Atlantikküste Band 1
N
MONTPON-
MÉNESTÉROL
BERGERAC
Ü
D 660
D 13
D 933
MONBAZILLAC
Moulin de
Malfourat
10 km
GARDONNE
STE-FOY-
LA-GRANDE
D 936
Dordogne
PELLEGRUE
CASTILLON-
LA-BATAILLE
Ü
ST-ÉMILION
LIBOURNE

TOUR 12 (67 km)

Bergerac — St-Émilion

Übernachten:	Bergerac, Castillon-la-Bataille
Besichtigen:	St-Émilion
Markt:	Bergerac (Mi. u. Sa., Flohmarkt am 1. So. im Monat in den Sommermonaten), Ste-Foy-la-Grande (Sa.), Gardonne (So. u. Mi.)

Fällt Ihnen, wenn Sie BERGERAC hören, auch als erstes die große Nase von Gérard Dépardieu ein? Der von ihm in dem gleichnamigen Film verkörperte Cyrano de Bergerac hat allerdings überhaupt nichts mit der Stadt zu tun. Trotzdem hat man ihm hier ein Denkmal gesetzt. Unlogisch? Auf den zweiten Blick gar nicht, schließlich geht es noch mehr Menschen so wir mir und Ihnen. Auf diese Weise kommt die Stadt zu Publicity und dafür revanchiert sie sich mit einer Statue.

Wir kommen über die D 660 in die Stadt und fahren zuerst ins Zentrum. Dabei bleiben wir rechts der Dordogne. Wenn in der Stadtmitte die unten abgebildete Brücke auftaucht müssen wir kurz bevor wir sie erreichen nach rechts abbiegen zum „Parking Foirail“. Von diesem Platz aus kommen wir in 10 Minuten in die Altstadt und er ist groß genug, dass Wohnmo-

Bergerac - Brücke über die Dordogne

bile nicht stören. Es parken auch Busse und LKW dort. Eine freundliche Stadtverwaltung hat Schilder aufgestellt wonach Kühlgut-Transporter ihre Aggregate nachts nicht laufen lassen dürfen. Der Platz ist eben und nachts herrscht wenig Verkehr. Für einen Stellplatz inmitten der Stadt recht passabel.

An einer Seite tangiert die Rue Junien Rabier den Parking Foirail. Die gehen wir nach links bis wir eine breitere Straße erreichen. Nach deren Überquerung biegen wir schräg gegenüber in eine der kleinen Sträßchen zur Altstadt ein. Wie ich es bei vielen anderen Städtchen schon empfohlen habe, möchte ich Ihnen auch hier raten zuerst einmal ohne Ziel durch die Gassen zu schlendern. Sie brauchen dann nicht ständig einen Reiseführer mit sich herumzuschleppen und ich kann mir eine unendliche Folge von Links-Rechts-Anweisungen sparen.

Das Zentrum liegt zwischen der DORDOGNE, der gerade überquerten Rue Neuve d'Argenson und der Kirche St-Jacques. Das wichtigste sehenswerte Gebäude ist das „Musée du Tabac", das auch in diesem Viertel liegt. Für Raucher ein „Muss". Im Inneren dürfen Sie diesem Laster allerdings nicht frönen.

Sind Sie Weintrinker? Dann kennen Sie sicher MONBAZILLAC. Der Ort liegt wenige Kilometer südlich von BERGERAC. Wenn Sie wollen können Sie noch einen kleinen Abstecher

Moulin de Malfourat

mit mir dorthin machen. Auf dem Weg kommen wir auch an der Moulin de Malfourat vorbei, von der aus man einen herrlichen Blick auf BERGERAC und die Weinberge von MONBAZILLAC hat. Wir verlassen BERGERAC dazu über die mittlerweile ja schon bekannte Brücke über die *Dordogne* und fahren mehr oder weniger geradeaus in Richtung MARMANDE. Wenn Sie auf der D 933 sind, haben Sie den richtigen Weg gefunden. Die Moulin de Malfourat ist gut beschildert. Von der Mühle ist kaum noch etwas zu sehen. Die Aussicht ist jedoch nach wie vor bemerkenswert.

Direkt an der Mühle geht die Straße nach MONBAZILLAC ab. Dort können Sie die berühmten Tropfen vor Ort probieren — und natürlich auch kaufen. Über die D 13 kommen wir wieder auf direkter Straße zurück nach BERGERAC.

Ob Sie dem kurzen Abstecher gefolgt sind oder nicht, unsere weitere Richtung ist jetzt BORDEAUX. Wenn Sie vor dem Ende des Tourenteiles nochmal ver- oder entsorgen müssen, ist STE-FOY-LA-GRANDE ein wichtiger Ort. Dort müssen Sie nämlich abbiegen nach PELLEGRUE. Die genaue Beschreibung lesen Sie auf Seite 226. Ansonsten können Sie beruhigt in der bisherigen Richtung weiterfahren.

Auf fast schnurgerader Straße fahren wir weiter nach CASTILLON-LA-BATAILLE. Abgesehen davon, dass Sie im Zentrum auf einem großen Parkplatz unter schattenspendenden Bäumen übernachten können, müssen Sie hier mit uns auch die Richtung ändern. Wir wollen nach ST-ÉMILION. Otto PKW-Fahrer fährt geradeaus weiter, kommt von Süden in den Ort und durchquert das Städtchen, wenn die südlichen Parkplätze belegt sind. Und das sind sie fast immer! Wir Womo-Fahrer tun uns dabei zumindest schwer, für einige Mobile ist eine Ortsdurchfahrt ganz unmöglich. Ich möchte Sie deshalb von Norden an den Ort heranführen.

Orientieren Sie sich daher in CASTILLON nach links und folgen Sie den Wegweisern nach ST-GENÈS-DE-CASTILLON. Dort biegen Sie links ab nach ST-ÉMILION. Jetzt kann ich Ihnen nur die Daumen drücken, dass Sie hier einen Parkplatz finden. Lassen Sie sich nicht verleiten ins Zentrum zu fahren. Die Parkbedingungen werden schlechter. Bleiben Sie außerhalb der Stadtmauern.

Die größte Sehenswürdigkeit in ST-ÉMILION ist die Église monolithe, die größte unterirdische Felsenkirche Frankreichs.

Wegen eines Besuchs wenden Sie sich ans Office de Tourisme in der Nähe des Kirchturms.

Auch hier möchte ich Ihnen raten den Ort auf eigene Faust zu entdecken. Es gibt viele schöne Winkel hier. Auf Ihrer Erkundungstour kommen Sie sicherlich auch am Cloître des Cordeliers vorbei. Hier lohnt es sich, den Kreuzgang zu besichtigen.

St-Émilion - Blick auf den Turm der Église monolithe

Kreuzgang des Cloître des Cordeliers

An dieser Stelle möchte ich den Reiseteil meines Buches abschließen. Auf den folgenden Seiten erwarten Sie noch Tipps und Tricks im „Allgemeinen Teil", sowie nützliche Termine, Zufahrtsbeschreibungen und eine ausführliche Packliste im „Service-Teil".

Allgemeine Tipps

Abwassertank

Dieser Behälter sollte für jeden Wohnmobilisten so wichtig sein wie der Frischwassertank. Bei kleineren Womos tut's auch ein Abwasserkanister. Auf jeden Fall ist es eine Ferkelei, das Spül- und Waschwasser einfach unter dem Fahrzeug auf die Erde laufen zu lassen. Das ist nicht nur ein Zeichen mangelnden Umweltbewusstseins, sondern es schadet auch dem Ruf der gesamten Womo-Schar.

Falls Ihr Fahrzeug nicht bereits mit einem Abwassertank ausgestattet ist, sollten Sie unverzüglich nachrüsten. Der Fachhandel bietet für fast alle Fahrzeuge Tanks an, die teilweise genau an die Unterbodenkonturen der Fahrzeuge angepasst sind und meist problemlos eingebaut werden können. Rechnen sie bei der Größe mit mindestens 10 Liter pro Person. Wenn eine Dusche eingebaut ist, mit 15 bis 20 Liter pro Person. Schließlich wollen Sie ja nicht jeden Tag nach einer Entleerungsmöglichkeit suchen!

Geschmackssache: Stellplatz direkt neben der Entsorgungsstation

Da der Tank oder der Kanister irgendwann ja mal voll wird, müssen Sie dessen Inhalt an geeigneter Stelle loswerden.

Tipps:

» *Eine Entleerung in die Straßengullys kommt nicht in Frage, da Sie nicht wissen, ob die an ein Klärwerk angeschlossen sind oder nicht. Mischkanalisation und Trennkanalisation heißen die Fachbegriffe. Im ersten Fall werden die Abwässer aus den Haushalten und das sogenannte Oberflächenwasser in einen gemeinsamen Kanal eingeleitet, der zur Kläranlage führt. Bei dem anderen System werden die Abwässer von den Gullys zusammen mit der Dachentwässerung jedoch ungeklärt in den nächsten Bach oder Fluss geleitet. Für einen Laien ist es nicht feststellbar, welches System angewandt wird.*

» *Eine Möglichkeit ist die Entleerung auf einem Campingplatz. Dabei kann es jedoch passieren, dass Ihnen die Entsorgung verweigert wird, wenn Sie nicht auch auf dem Platz übernachten. Das ist uns sogar schon passiert, obwohl wir von vornherein deutlich gemacht haben, dass wir für das Ablassen unseres Wassers bezahlen wollten.*

» *Sie können auch an einer Tankstelle nachfragen. Der Tankwart kann Ihnen auf jeden Fall sagen, ob „sein" Gully an das öffentliche Abwassernetz angeschlossen ist. Wenn eine Autowaschanlage betrieben wird, stehen die Chancen sehr gut!*

» *Es bleibt die Entsorgung an einer Kläranlage (frz. Station d'épuration) oder Entsorgungsstation. Hier können Sie auch gleich den Inhalt Ihrer Toilette loswerden. Am häufigsten sind die Stationen vom Typ Euro-Relais oder Euro-Relais junior anzutreffen. Hierbei zahlen Sie für Frischwasser und Strom entweder mit einer Münze oder mit Jetons, die meist beim Fremdenverkehrsamt oder bei naheliegenden Geschäften erhältlich sind. Ein weiterer Typ nennt sich Flot bleu. Hier müssen Sie auch für die Entsorgung bezahlen. Die*

Station präsentiert sich als geschlossener Kasten. Nach Einwurf einer Münze können Sie eine seitlich Klappe öffnen und kommen an alle Einrichtungen. Flot bleu ist zeitgesteuert. Bis Sie sich zum ersten Mal mit allen Schläuchen vertraut gemacht haben ist die halbe Zeit schon um. Die Adressen der Stationen finden Sie im Service-Teil ab Seite 224.

Adressen

Eine Anschrift brauchen Sie bereits, bevor Sie Ihre Reise überhaupt angetreten haben. Vom Französischen Fremdenverkehrsamt erhalten Sie viel nützliches Informationsmaterial.

Französisches Verkehrsbüro
Westendstr. 47
60325 Frankfurt/Main
Tel. 0190 / 57 00 25
Fax 0190 / 59 90 61

Französisches Verkehrsbüro
Keithstr. 4
10787 Berlin
Tel. 030 / 218 20 64
Fax 030 / 214 12 38

in Österreich:

Französisches Fremdenverkehrsamt
Argentinierstr. 41 a
1040 Wien
Tel. 01 / 503 28 90-0
ISDN 01 / 503 26 65
Fax 01 / 503 28 71

und in der Schweiz:

Französisches Verkehrsbüro
Löwenstr. 59
8023 Zürich
Tel. 01 / 211 35 61
Fax 01 / 212 16 44

Wenn Sie an der ATLANTIKKÜSTE größere Probleme haben, wie zum Beispiel einen Unfall, Diebstahl oder auch den Verlust der Dokumente, helfen Ihnen die diplomatischen Vertretungen gern und unbürokratisch weiter. Deutsche, österreichische und schweizerische Konsulate gibt es in BORDEAUX.

Deutsches Generalkonsulat
377, Boulevard du Président Wilson
33200 Bordeaux-Caudéran
Tel. 05.56.17.12.22
Fax 05.56.42.32.65

Österreichisches Konsulat
86, Cours Balguerie-Stuttenberg
33300 Bordeaux
Tel. 05.56.00.00.70

Schweizerisches Generalkonsulat
14, Cours Xavier-Arnozan
33080 Bordeaux
Tel. 05.56.52.18.65

Ärztliche Hilfe

Ein Thema, an das man nicht gerne denkt. Trotzdem kann es vorkommen, dass Sie oder ein Familienmitglied im Urlaub erkranken oder wegen eines Unfalles ärztliche Hilfe erforderlich ist.

Für diese Fälle besorgen Sie sich vor Reiseantritt bei Ihrer Krankenkasse die „Bescheinigung über den Sachleistungsanspruch während eines Aufenthaltes in einem Mitgliedsstaat der Europäischen Gemeinschaft E 111". Das Ausfüllen dieses Scheines ist nur wenig unkomplizierter als dessen Name. Deshalb bekommen Sie gleich noch ein Merkheft dazu mit.

Als Privatversicherter können Sie die Erstattung Ihrer Auslagen beschleunigen, wenn Sie die Umtauschquittung einer Bank zusammen mit der ausführlichen Arztrechnung bei Ihrer Versicherung einreichen.

Tipps:

» *Beim ADAC können Sie, ebenso wie bei den lokalen Fremdenverkehrsämtern (Office de Tourisme oder Syndicat d'Initiative), eine Liste deutschsprechender Ärzte in Ihrem Urlaubsgebiet anfordern. Wenn Sie der Französischen Sprache nicht mächtig sind, können Sie sich mit den Medizinern oft auch in Englisch verständigen.*

» *Den ADAC-Arzt in München erreichen Sie unter der Telefonnummer 89 22 22 22. Die Vorwahl von Frankreich aus ist 00 49.*

» *Überlegen Sie sich, ob Sie überhaupt einen Arzt brauchen. Auch die Apotheker können Ihnen in vielen Fällen weiterhelfen. Sie sprechen oft auch Englisch. Der Weg in eine „Pharmacie" ist nach einem Arztbesuch sowieso meist nötig.*

Auto

→ siehe Fahrzeug

Autobahngebühren

Es ist viel über das Für und Wider von Autobahngebühren geschrieben worden. Ich möchte nicht noch einmal alle Argumente vorkauen. Sie wissen, dass die Autobahnen Geld kosten. Akzeptieren Sie es oder fahren Sie über die Nationalstraßen. → Siehe auch Kapitel „Anreise".

Autohilfsdienste

Ich wünsche Ihnen zwar, dass Sie sich in Ihrem Urlaub nicht über eine Panne ärgern müssen, aber passieren kann ja bekanntlich immer etwas. Sie können das Risiko mindern, wenn Sie vor Ihrer Reise das Auto noch einmal zur Inspektion in die Werkstatt fahren. Nehmen Sie bei dieser Gelegenheit auch gleich die neueste Ausgabe des internationalen Kundendienstverzeichnisses Ihrer Automarke mit.

Und wenn Sie jetzt wirklich irgendwo stehen und das Auto keinen Mucks mehr von sich gibt?

Tipps:

» *Auf den Französischen Autobahnen werden die Pannendienst ebenso gerufen wie bei uns, nämlich über die Notrufsäulen. Ansonsten können Sie sich an die „Police Secours" wenden, die Sie an jeder Telefonzelle über die Notrufnummer 17 erreichen.*

» *Holen Sie sich vor der Abreise bei Ihrem Automobilclub oder bei Ihrer Versicherung einen (Auslands-) Schutzbrief. Damit werden nicht nur die Kosten für Pannenhilfe bis zu einer gewissen Grenze übernommen, sondern er bietet auch andere Leistungen, wie zum Beispiel Krankenrücktransport, Verzollung bei Totalschaden, Ersatzteilversand und ähnliches. Vom ADAC weiß ich, dass für Fahrzeuge, die bestimmte Maße überschreiten eine kostenlose Zusatzpolice abgeschlossen werden muss. Dabei werden bestimmte Kosten, die aufgrund einer Sonderbehandlung wegen der übergroßen Maße anfallen können, begrenzt oder ausgeschlossen. Erkundigen Sie sich danach!*

Baby

→ siehe Kinder

Bademöglichkeiten

In dem hier beschriebenen Teil der Atlantikküste finden Sie sowohl herrliche Sandstrände als auch Felsenküste und sumpfige Gebiete vor. Unter dem Stichwort “Strände” finden Sie weiter hinten eine Aufstellung aller Badeorte mit einer kurzen (persönlichen) Bewertung.

Tipps:

» *Achten Sie auf jeden Fall auf die Signalflaggen der Strandaufsicht!*

Rot: Baden verboten

Gelb: Baden gefährlich

Grün: Baden erlaubt

» *Informieren Sie sich auf den Hinweistafeln über die Strömungen bei einsetzender Ebbe oder Flut.*

Beleuchtung

Hiermit sind nicht die Scheinwerfer Ihres Fahrzeuges gemeint, obwohl die natürlich auch funktionstüchtig sein müssen, sondern alles andere, was noch mit Licht zu tun hat.

Sie haben im Wohnbereich Ihres Fahrzeuges natürlich fest installierte Leuchten, trotzdem sollten Sie zusätzlich eine Taschenlampe mitnehmen. Wenn Sie bei Dunkelheit eine Sicherung auswechseln müssen oder außen am Fahrzeug etwas nachschauen wollen, tut Sie gute Dienste.

Tipps:

» *Wenn Sie 12-Volt-Birnen mit dem Sockel BA 15s (das ist dieser Bajonettsockel) in Ihrem Wohnbereich vorfinden, können Sie diese gegen Halogenbirnen austauschen. Der Vorteil liegt in einer höheren Lichtausbeute bei geringerer Stromaufnahme.*

» *Wenn Sie das „kalte" Licht nicht stört, können Sie auch auf transistorgesteuerte Leuchtstoffröhren umrüsten. Selbst bei Verwendung der sogenannten Warmtonröhren können sie das gemütlichere Licht einer Glühbirne nicht ersetzen. Im „Arbeitsbereich", wo es vor allem auf Helligkeit ankommt, haben sie jedoch Vorteile.*

Benzin

→ siehe Tankstellen

Campingplätze

In fast jedem Küstenort und in vielen Orten im Landesinnern finden Sie Campingplätze in allen Kategorien. Das kann sowohl ein gemeindeeigener „Camping municipal" als auch ein privater Platz sein. Die Adressen und Ausstattungen entnehmen Sie bitte den einschlägigen Campingführern. Freies Camping ist jedoch — bis auf wenige Ausnahmen, die ich bei den jeweiligen Kapiteln angebe — möglich und, besonders außerhalb der Saison, in den touristisch weniger erschlossenen Gebieten auch nötig. Lesen Sie hierzu auch die Abschnitte „Freies Camping" und „Stellplätze".

Devisen

→ siehe Geld

Diesel

→ siehe Tankstellen

Dusche

Ab einer bestimmten Aufbaugröße sind die Wohnmobile mit einem Duschraum ausgestattet, was eine feine Sache ist, sieht man einmal von dem zusätzlichen Wasserbedarf ab. Die Kabinen sind meist jedoch so eng, dass das Duschen nicht unbedingt ein Vergnügen ist. Ganz schlimm wird es, wenn man Kinder darin abduschen muß.

Tipps:

» *Wir haben eine sogenannte Wassersteckdose an die Außenwand der Duschkabine montiert. Dort kann dann bei Bedarf eine Brause mit Schlauch eingesteckt werden. Zum Abduschen nach dem Baden im Meer reicht das auf jeden Fall aus.*

» *Ein befreundeter Tüftler läßt sein gebrauchtes Duschwasser nicht direkt in den Abwassertank laufen, sondern füllt damit einen Tank, aus dem seine Cassettentoilette mit Spülwasser versorgt wird.*

Einreiseformalitäten

Sie benötigen einen Reisepass oder den Personalausweis, Ihren Führerschein und den Fahrzeugschein. Obwohl in der Regel keine Kontrollen an der Grenze durchgeführt werden, sollten Sie diese Papiere bei sich haben.

Tipps:

» *Die Grüne Versicherungskarte ist zwar nicht vorgeschrieben, Sie sollten sie jedoch mitnehmen. Wenn Sie mit der Polizei zu tun haben, etwa nach einem Unfall, wird der Beamte erfahrungsgemäß zuerst nach der „carte d'assurance verte" fragen.*

» *Machen Sie von den wichtigen Seiten aller Dokumente Fotokopien und bewahren Sie diese getrennt von den Originalen auf. Falls Ihnen Papiere abhandenkommen, haben Sie damit wenigstens einen Notbehelf.*

Fahrzeug

Das Auto spielt bei Ihrem Urlaub eine der Hauptrollen. Schließlich wollen Sie nicht nur, wie viele andere Touristen auch, damit in Ihr Urlaubsgebiet fahren, sondern auch noch darin wohnen. Deshalb ist es doppelt wichtig, dass Sie sich auf Ihr rollendes Heim verlassen können.

Tipps:

» *Bringen Sie Ihr Womo vor der Fahrt noch einmal zur Inspektion.*

» *Die Zweitbatterie fristet irgendwo in einem Stauraum ein einsames Dasein. Vergessen Sie nicht, auch dort den Füllstand zu überprüfen.*

» *Besorgen Sie sich Reservebirnen, Ersatzsicherungen, einen Keilriemen und — wenn Sie keinen Selbstzünder fahren — Zündkerzen. Natürlich können Sie das alles auch in Frankreich kaufen. Aber was machen Sie Sonntagsmorgens an einem einsamen Strand mit gerissenem Keilriemen?*

» *Denken Sie auch an einen Reservekanister und ein bis zwei Liter Motorenöl.*

» *Ihr Auto hat nicht nur vier oder sechs Reifen, sondern fünf oder sieben. Ein Ersatzreifen ist völlig nutzlos, wenn er nicht einsatzbereit ist. Deshalb auch dort den Luftdruck kontrollieren.*

Filmen / Fotografieren

Die Eindrücke, die Sie in Ihrem Urlaub sammeln, sind zu wertvoll, um sie nach einigen Wochen wieder zu vergessen. Machen Sie deshalb so oft es geht Bilder, Dias oder Filme.

Tipps:

» *Kaufen Sie Filme in ausreichender Menge schon zu Hause in Deutschland. Sie können hier im Frühling die Sonderangebote ausnutzen und haben eine größere Auswahl als an Ihrem Urlaubsort. Außerdem gehören wir, was Filme angeht, zu den Billigländern.*

» *Um die Steinritzungen der Megalithgräber zu fotografieren, brauchen Sie ein Blitzgerät, das Sie von der Kamera abnehmen können. Wenn das Licht frontal auf die Steine fällt, können Sie zu Hause höchstens ein*

Ratespiel veranstalten, aber keine Zeichnungen erkennen.

» *Sowohl Ihr Blitzgerät als auch Ihre Kamera benötigen Batterien. Haben Sie an eine Reserve gedacht? Wenn Sie mit der Video-Kamera unterwegs sind, sollten Sie sich ein Ladegerät zulegen, das Sie an die Autobatterie anschließen können.*

» *Belichtete Filme legen Sie wieder zurück ins Döschen und deponieren sie im Kühlschrank, bis Sie wieder zu Hause sind.*

» *In Küstennähe bringt der Wind winzige Tropfen von Salzwasser mit und weht sie unverschämterweise auf Ihr Objektiv. Reinigen Sie die Linse mit einem angefeuchteten weichen Läppchen.*

» *Ein neutraler Filter (Skylight) schadet nicht, und ist gleichzeitig ein Schutz für Ihr wertvolles Objektiv.*

Freies Camping

Als Wohnmobilneuling oder -mieter werden sie von verschiedenen Veröffentlichungen in Zeitschriften oder von Tabellen der Automobilclubs mehr oder weniger verunsichert Ihre Reise antreten. In diesem Land ist eine Übernachtung außerhalb eines Campingplatzes gestattet, in jenem Land gerade noch toleriert, dort kommt nur ein Campingplatzaufenthalt in Frage, hier muss man lediglich den Grundstückseigentümer fragen. Der Trend — das muss leider gesagt werden — geht dahin, die Wohnmobile auf die Campingplätze zu verbannen. Die Gründe hierfür sind vielfältiger Art:

- Die ständig wachsenden Zulassungszahlen der Womos machen die Präsenz der Fahrzeuge mittlerweile unübersehbar. Wo vor Jahren noch einsam ein Wohnmobil am Strand stand, werden mittlerweile Wagenburgen gebaut und rufen — verständlicherweise — den Unmut der

Anwohner hervor. (Lesen Sie hierzu auch das Kapitel „Stellplätze")

- Es darf auch nicht verschwiegen werden, dass das Verhalten der Wohnmobilfahrer mit dazu beigetragen hat, dass Verbote erlassen wurden. Eine sich ständig vergrößernde Pfütze unter einem Fahrzeug, wird auch von einem wohlwollenden Nachbarn naserümpfend kritisiert werden. — Und das mit Recht.

In FRANKREICH werden eine oder mehrere Übernachtungen im Womo außerhalb von Campingplätzen — nach unserer Erfahrung — fast immer toleriert. Hierbei ist jedoch noch etwas anzumerken: In der Hauptsaison werden Sie mit Sicherheit Schwierigkeiten heraufbeschwören, wenn Sie an einem überfüllten Strandparkplatz Ihr Vorzelt oder Sonnensegel aufbauen und tagelang, am Klapptisch sitzend, Parkplätze blockieren, während Mütter und Väter samt Kindern und mittelschwerem Gepäck mit hängender Zunge von weit her an Ihnen vorbeiziehen. Es gehört also schon etwas Fingerspitzengefühl dazu, einen Standplatz zu suchen und zu finden. Wenn Sie längere Zeit mit aufgebautem Vorzelt und mit Tisch und Stühlen im Freien an einem Ort bleiben wollen (man nennt das amtlich „campingähnliches Leben“) empfiehlt sich auf jeden Fall der Campingplatz.

Fremdenverkehrsbüros

Obwohl diese Einrichtungen ein bisschen nach „Pauschalreisen“ klingen, möchte ich ihnen doch ein eigenes Stichwort widmen. Bereits Monate vor Ihrer Tour können Sie sich bei den Französischen Verkehrsbüros in Ihrem Heimatland Unterlagen zuschicken lassen. Neben einer Menge Werbematerial erhalten Sie auch Hinweise auf aktuelle lokale Veranstaltungen, die Ihnen kein Reiseführer liefern kann. In jedem größeren Ort finden Sie auch ein „Office de Tourisme“ oder ein „Syndicat d’Initiative“, wo man Sie gern über lokale Ereignisse informiert. Oft sind diese Behörden im Bürgermeisteramt (Mairie) untergebracht.

Adressen in Deutschland:

Französisches Verkehrsbüro
Westendstr. 47
60325 Frankfurt/Main
Tel. 0190 / 57 00 25
Fax 0190 / 59 90 61

Französisches Verkehrsbüro
Keithstr. 4
10787 Berlin
Tel. 030 / 218 20 64
Fax 030 / 214 12 38

Für nähere Angaben über die südliche Atlantikküste steht Ihnen folgende Institution zur Verfügung:

Comité Régional de Tourisme d’Aquitaine
23, Parvis des Chartrons
33074 Bordeaux Cedex
Tel. 05.56.01.70.00
Fax 05.56.43.07.63

Auch die einzelnen Départements haben eigene Touristenbüros:

Für das Département GIRONDE, das am Anfang unserer Touren steht, wenden Sie sich an:

Comité Départemental de Tourisme
de la Gironde
21, Cours de l'Intendance
33000 Bordeaux
Tel. 05.56.52.61.40
Fax 05.56.81.09.99

Als nächstes kommen wir in das Département LANDES. Hierzu erhalten Sie Auskunft bei:

Comité Départemental de Tourisme
des Landes
22, Rue Victor Hugo
B.P. 407
40012 Mont de Marsan Cédex
Tel. 05.58.06.89.89
Fax 05.58.06.90.90

Südlich daran schließt sich das Département PYRÉNÉES-ATLANTIQUES an. Hierfür ist zuständig:

Comité Départemental de Tourisme
Pyrénées Atlantique
22ter, Rue Jean-Jacques-de-Monnaix
64000 Pau
Tel. 05.59.30.01.30

Unser Weg führt uns dann ins weiter im Landesinneren liegende Département LOT-ET-GARONNE. Informationen gibt's beim:

Comité Départemental de Tourisme
du Lot-et-Garonne
4, Rue André-Chénier
B.P. 304
47008 Agen Cedex
Tel. 05.53.66.14.14

Jetzt sind wir wieder auf dem Weg nach Norden und kommen ins Département Lot. Auskünfte erhalten Sie bei:

Comité Départemental de Tourisme
du Lot
107, Quai Eugène-Cavaignac
B.P. 7
46001 Cahors Cedex
Tel. 05.65.35.07.09

Zum Schluss kommen wir noch in das Département Dordogne. Die zuständige Adresse:

Comité Départemental de Tourisme
de la Dordogne
25, rue du Président Wilson
24009 Périgueux
Tel. 05.53.35.50.30
Fax 05.53.09.51.41

Gas

Das ist die wichtigste — und zugleich preiswerteste — Energiequelle des Wohnbereichs Ihres Fahrzeuges. In den meisten Fällen werden Sie mit einer grauen 5-kg oder 11-kg-Flasche unterwegs sein. Eine weitere große Gruppe nennt einen eingebauten Gastank ihr Eigen, während die Wenigsten eine blaue „camping-gaz"-Flasche an Bord haben. Die zuletzt genannten haben keine Schwierigkeiten ihre leeren Flaschen zu tauschen. Das müssen Sie allerdings teuer bezahlen. Auch festinstallierte Gastanks sind in Frankreich relativ einfach — und vor allem preiswert — zu füllen. Das Netz der Gastankstellen ist wesentlich dichter als in Deutschland. Achten Sie auf die Bezeichnung „G.L.P." auf den Preisschildern der Tankstellen. Am schwierigsten ist es, die grauen Flaschen füllen zu lassen.

Tipps:

» *Bei Tankstellen, die Gasflaschen vertreiben, können Sie sich über deren Lieferanten erkundigen, dort wie-*

der nach dem Vorlieferanten fragen usw. Sie landen dann schließlich bei einer Füllstation, die Ihnen gern Ihre Flasche füllt. Voraussetzung hierfür ist ein Adapter, der meist bei den Füllstationen vorrätig ist. Wenn Sie ganz auf Nummer Sicher gehen wollen, können Sie den Adapter auch im Zubehörhandel erwerben.

» *Eine andere Möglichkeit besteht darin, sich an einer Tankstelle eine französische Flasche zu leihen, die Sie später an einer anderen Tankstelle der gleichen Marke zurückgeben können. Auch hierbei brauchen Sie einen Adapter (auch im Zubehörhandel erhältlich), damit Ihr Regler auf die fremde Flasche passt.*

Gaststätten

→ siehe Restaurants

Geld

Der Umtauschkurs DM - FF ist seit Einführung des Euro festgesetzt. Dafür fallen bei den Banken jetzt Umtauschgebühren an. Wir nehmen daher kein Bargeld mit nach FRANKREICH. Im ersten größeren Ort in unserem Nachbarland holen wir an einem Automaten unseren Bedarf an FF für die nächsten Tage. Ein beliebtes Zahlungsmittel in FRANKREICH sind die Kreditkarten. Hier rangiert vor allem die „carte bleu" in vorderster Reihe, die unserer Visa-Card entspricht. Diese Karte wird auch von vielen Geldautomaten akzeptiert.

Tipp:

» *Mit der ec-Karte und Ihrer Geheimnummer können Sie in FRANKREICH bei fast allen Banken Geld vom Automaten bekommen.*

Geschichte

Ich will Sie hier keineswegs mit historischen Details und einer endlosen Reihe von Herrschern langweilen, aber da Sie in Ihrem Urlaub auf Schritt und Tritt mit der Geschichte konfrontiert werden, möchte ich Ihnen wenigstens die wichtigsten Fakten aufschreiben.

Die hier beschriebene Landschaft hat, außer dass sie heute zu FRANKREICH gehört, wenig historischen Zusammenhang. Deshalb möchte ich mit Siebenmeilenstiefeln

die gemeinsame Geschichte durchwandern und zwischendurch auch noch auf lokale Themen zu sprechen kommen.

Die Steinzeit

Der Neandertaler und der Cro-Magnon besiedeln das Tal der *Vézère*. Unsere Vorfahren wohnen größtenteils in den sogenannten Abris, das sind Felsüberhänge, die vor Regen und Schnee schützen. Der Cro-Magnon entwickelt seine Fähigkeiten und hinterlässt in vielen Höhlen Felszeichnungen. Der Neandertaler stirbt allerdings aus.

Die Römer

Um 50 v. Chr. unternimmt Cäsar seine Gallien-Feldzüge. Die kriegerische Seite der Eroberung hat er in einem Jahrzehnt geschafft. Kaiser Augustus jedoch ist es, der auch die römische Kultur hierher bringt.

Das Christentum

Im dritten Jahrhundert kommen die ersten Christen nach Westfrankreich. Sie haben einen sehr schweren Stand und müssen unter zahlreichen Verfolgungen leiden. Erst im Jahr 313 dürfen Sie ihre Religion frei ausüben. Am Ende des vierten Jahrhunderts wird das Christentum gar zur Staatsreligion erhoben. Auf welche Weise sich die Christen untereinander das Leben schwer machen, lesen Sie weiter unten bei dem Stichwort “Religionskriege”.

Das Mittelalter

Im Jahre 732 kann Karl Martell, der Großvater Karls des Großen, durch den Sieg über die von Süden immer weiter vordringenden Mauren ein wenig Ruhe in das Durcheinander der verschiedenen Völkerscharen, die mittlerweile eingewandert sind, bringen. Karl der Große drängt schließlich die Mauren bis nach BARCELONA zurück. Die Normannen bringen noch ein wenig Ungemach, bis sie sich schließlich in der heutigen NORMANDIE niederlassen.

Eleonore von Aquitanien

Eine schillernde Persönlichkeit bestimmt ab 1137 das Schicksal Westfrankreichs. Sie heiratet, noch jung an Jahren, den späteren König Ludwig VII, wobei sie fast das ganze in diesem Buch beschriebene Gebiet mit in die Ehe bringt. Die lebenslustige Eleonore und der eher zurückhaltende Ludwig passen wohl nicht so ganz zusammen, weshalb sie sich 1152 scheiden lassen. Bei Königs geht das natürlich etwas aufwendiger über die Bühne. Es ist dazu ein Konzil, nämlich das von BEAUGENCY, nötig.

Nur wenige Monate später verheiratet sich Eleonore erneut. Diesmal ist Heinrich Plantagenet der Glückliche. Er ist Herrscher über den nördlichen Teil Westfrankreichs. Zusammen mit Eleonores Einflussgebiet erstreckt sich so ein Reich vom Ärmelkanal bis zu den PYRENÄEN. Zwei Jahre später erbt Heinrich noch das Königreich ENGLAND. Dieser so entstandene gewaltige Machtkomplex ist in den folgenden Jahrhunderten immer wieder für kriegerische Auseinandersetzungen zwischen ENGLAND und FRANKREICH gut.

Eleonore und Heinrich haben vier Kinder: Gottfried, Heinrich, Richard Löwenherz und Johann. Bis auf den Jüngsten sterben alle vor ihr. Eleonore hat sich inzwischen auch von ihrem zweiten Mann getrennt und hält in POITIERS Hof. Sie stirbt 1204 und damit beginnt auch der Zerfall des aufgeblühten Westen FRANKREICHS.

Die Jakobspilger

Santiago! Unter diesem Begriff steht im Mittelalter die Pilgerreise zum Grab des Apostels Jakob. Das Ziel der Reise ist die Stadt SANTIAGO DE COMPOSTELA.

Obwohl sicher ist, dass Jakobus nie in SPANIEN war, ist die Kirche gar zu gern bereit, die Knochen, die ein Hirte gefunden hatte, als Gebeine Jakobs anzuerkennen. So ein Wallfahrtsort belebt schließlich den Tourismus und lenkt von weltlichen Problemen ab.

Vier große Routen gab es damals um, aus dem Norden kommend, die PYRENÄEN zu überqueren. Da waren die Via

Tolosana (von TOULOUSE), die Via Podiensis (von LE PUY), die Via Lemovicensis (von LIMOGES) und die Via Turonensis (von TOURS). Sie sehen, der Pilgerstrom war gut organisiert und in rechte Bahnen geleitet. Das war auch nötig, denn zeitweise waren eine halbe Million Pilger pro Jahr unterwegs. In PUENTE LA REINA führten schließlich alle vier Straßen zusammen weiter nach GALICIEN.

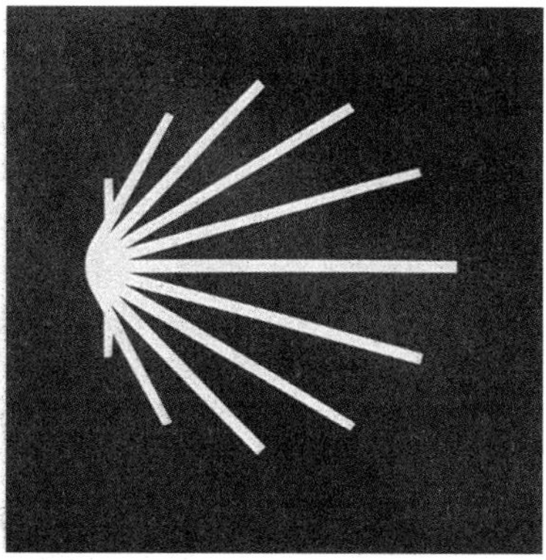

Die Pilger waren uniformiert: Breitkrempiger Hut mit Jakobsmuschel war Pflicht, allein schon um sich als Jakobspilger zu legitimieren. Die Muschel hatte zudem den Vorteil, dass sie als Trinkgefäß zu benutzen war. Dazu gehörte ein Wanderstab. Bestimmte Riten galt es auch während der beschwerlichen Wanderung einzuhalten: Waschen, rasieren und Haare schneiden war verboten. Sie können sich vorstellen, wie die Pilgerschar in SANTIAGO angekommen ist.

Der Hundertjährige Krieg

Der lange schwelende Konflikt zwischen ENGLAND und FRANKREICH bricht aus, als sowohl der Franzose Philipp VI als auch der Engländer Eduard III Anspruch auf den französischen Thron erheben, die beide mit dem Erblasser Karl IV verwandt sind. Zu Beginn ziehen die Engländer von Sieg zu Sieg und FRANKREICH muss schließlich um seine Existenz bangen. ENGLAND erhält die Souveränität über SÜDWESTFRANKREICH.

Unter Du Guesclin können die Franzosen wieder etwas Land gut machen, nach dessen Tod sind die Engländer wieder auf dem Vormarsch. Erst als das Bauernmädchen Johanna die göttliche Mission in sich spürt, ORLÉANS zu befreien, wächst wieder ein Widerstandswille im Volk. 1453 findet endlich die letzte Schlacht statt, die die Engländer aus FRANKREICH vertreibt.

Die Religionskriege

Während die Franzosen noch mit dem Wiederaufbau beschäftigt sind, reist ein gewisser Johann Calvin nach ANGOULÊME, wo seine Lehre eine große Anhängerschaft findet. Auch im Poitou findet der Glaube viele Sympathisanten. LA ROCHELLE wird zu einer Hochburg der Protestanten. In der Mitte des 16. Jahrhunderts brechen die Konflikte zwischen den Konfessionen offen aus. Es kommt zum Bürgerkrieg mit blutrünstigen Übergriffen auf beiden Seiten, die 1572 in der Bartholomäusnacht gipfeln, in der 15000 Hugenotten ermordet werden.

Erst das Edikt von NANTES bereitet 1598 dem Spuk ein Ende. Hierin wird den Hugenotten die freie Religionsausübung und neben der Stadt LA ROCHELLE noch hundert weitere sichere Orte zugesichert.

Die Basken

Sie sind eines der großen Rätsel, die uns die Geschichte aufgibt. Sicher ist lediglich, daß Baskisch nicht zu den indogermanischen Sprachen zählt. Unsicher ist, zu welcher Sprachfamilie das Idiom überhaupt gezählt werden kann. Sogar die Römer merken schon, daß sie es hier mit einem Volk zu tun haben, das sich deutlich von seinen Nachbarn unterscheidet. Als Meister der Verwaltung fassen Sie die baskischen Stämme als Einheit zusammen

Baskischer Grabstein

und geben dem Gebilde den Namen NOVEMPOPULANIEN. 600 Jahre später unterwerfen Stämme aus der Gegend von HUESCA, die vor den Westgoten fliehen dieses NOVEMPOPULANIEN und nennen es VASCONIA. Im Laufe der Zeit entwickeln sich die Sprachen nördlich und südlich der PYRENÄEN in verschiedene Richtungen. Im Norden werden die Vaskonen zu Gaskonen, im Süden zu Basken.

Baskische Musikanten

Nachdem die Basken mit zur Niederlage Karls des Großen beitrugen, verjagen Sie 50 Jahre später erneut die Franken. Ihr Anführer ist Inigo Arista, der später König von PAMPLONA wird. Er macht es sich zur Aufgabe, die Mauren, die den größten Teil der iberischen Halbinsel besetzt halten, zu bekämpfen. Damit hat er auch einigen Erfolg, doch im Laufe der Zeit wird die Geschichte des BASKENLANDES immer mehr zur Geschichte SPANIENS.

Das Bestreben nach Unabhängigkeit ist um so stärker geworden, je enger die Bindung zu SPANIEN wurde und reicht bis in die Gegenwart. Ein lebendiger Beweis sind die Anschläge der ETA. Erst 1979 erhält der spanische Teil des BASKENLANDES einen begrenzten Autonomiestatus.

Die kulturellen Unterschiede werden auch Ihnen auffallen, wenn Sie das BASKENLAND besuchen. „Typisch baskisch“ sind zum Beispiel die Glockenmauern statt der Glockentürme an den Kirchen, typisch auch das Pelota-Spiel mit den dazugehörenden Frontons — und natürlich die von mir so geliebten diskoidalen Stelen, deren Sinn ebenso im Dunkel liegt, wie der Ursprung der baskischen Sprache.

Geschwindigkeitsbeschränkungen

→ siehe Verkehr

Getränke

Wenn ich an französische Getränke denke, fallen mir (neben dem Wein) sofort die 1,5-Liter-Plastikflaschen mit Quell- oder Mineralwasser ein. Meist als Sechserpack mit Folie verschweißt, löschen sie nicht nur den großen Durst, sondern verursachen auch eine gehörige Portion Müll. Als umweltbewusster Mensch und Frau oder Herr über stets zu wenig Stauraum kommt das natürlich nicht Ihren Wünschen entgegen.

Tipps:

» *Wir haben in FRANKREICH bisher stets Wasser einwandfreier Qualität erhalten; egal, ob wir an Wasserhähnen oder Brunnen gezapft haben. Einen geschmacklichen Unterschied zum Wasser in den Plastikflaschen konnte ich bisher nicht feststellen.*

» *Wir kaufen in der Regel einen Pack Quellwasser und benutzen die Flaschen wieder. Dabei füllen wir sie mit Wasser aus dem Tank oder direkt am Brunnen auf.*

» *Wenn Ihre Kinder noch in dem unproblematischen Alter sind, in dem sie gern Tee trinken, können Sie auch eine oder zwei Flaschen mit ungesüßtem Früchtetee füllen.*

» *Da speziell in der Gegend um BORDEAUX sehr gute Weine wachsen, können Sie Ihren Urlaub nutzen, um sich abends beim Essen durch die vielen Sorten durchzuarbeiten.*

» *Wenn Sie ein leidenschaftlicher Biertrinker sind, sollten Sie sich das französische Bière nicht antun. Deutsches Bier ist zwar hier und dort zu horrenden Preisen erhältlich, aber vielleicht sollten Sie doch mal einen der unzähligen Französischen Weine probieren...*

» *Alkoholfreie Getränke sind in der Regel stärker gesüßt als die entsprechenden Marken für den deutschen Markt. Alkoholfreies Bier ist in jedem Supermarkt zu haben. Ich habe sogar schon alkoholfreie Varianten von Likören und Pastis gesehen.*

Haustiere

Waldi und Muschi dürfen natürlich auch mit nach FRANKREICH. Ihre Vierbeiner müssen allerdings vorher beim Tierarzt vorstellig werden. Der stellt ihnen dann eine Tollwutimpfbescheinigung aus. Die letzte Impfung muss mindestens einen Monat zurückliegen, darf aber nicht älter als 12 Monate sein. Wenn Sie Ihren Hund regelmäßig impfen lassen, haben Sie diese Bescheinigung ja sowieso und brauchen nichts weiter zu unternehmen.

An vielen Stränden herrscht Hundeverbot, was von den Franzosen jedoch häufig ignoriert wird.

Kartenmaterial

Für die Anreise und zur Groborientierung leistet eine Übersichtskarte von FRANKREICH im Maßstab 1:1 Mio oder 1:800 000 gute Dienste. Zur Erkundung der Atlantikküste sind jedoch die Michelin-Karten im Maßstab 1:200 000 unentbehrlich. Sie brauchen die Karten 71, 75, 78, 79, 82 und 85. Oder Sie kaufen sich gleich den "Michelin Atlas Routier France" für etwa 110 FF in Buchhandlungen, Zeitschriftenläden oder großen Supermärkten.

Tipp:

» *Kaufen Sie die Karten in Frankreich, sie sind dort an vielen Tankstellen und in Papierwarengeschäften erhältlich und wesentlich billiger als bei uns.*

Kinder

Für Kinder ist ein Urlaub mit dem Wohnmobil ideal. Die Umgebung ist vertraut, Mama und Papa sind stets in der Nähe und es ist genügend Platz im Auto, um die Lieblingsspielsachen unterzubringen. Während der Fahrt, können die Kleinen malen, puzzeln — oder auch schlafen. Ganz wie es beliebt. Wenn die Kinder mal „müssen" (immer ganz dringend!), brauchen Mami oder Papi nicht erst lange nach einer Toilette zu suchen. Das Klo ist in den meisten Fällen

an Bord und kann auch mitten in der Stadt bei einem kurzen Halt am Straßenrand benutzt werden.

Natürlich verläuft ein Urlaub mit Kindern anders als ohne. Das fängt schon bei der Anreise an: Nehmen Sie sich keine zu großen Etappen vor, oder fahren Sie lange Strecken, wenn die Kinder bereits schlafen. Ein relativ sicherer Platz hierfür ist das Alkovenbett über dem Fahrerhaus. Betten im hinteren Fahrzeugbereich sind während der Fahrt gefährlich, wenn kein Gitter oder Netz verhindert, dass die Kleinen bei einem Aufprall weit nach vorne geschleudert werden.

Tipps:

» *Sorgen Sie für ausreichendes Beschäftigungsmaterial für die Fahrt. Je nach Alter Ihrer Kinder sind das Schmusetiere, Malutensilien, Cassetten, Spiele, Puzzles oder Bücher.*

» *Vergessen Sie auch nicht die Sandspielsachen!*

» *Denken Sie an die empfindliche Haut Ihrer Lieben. Sonnenhut und T-Shirt dürfen nicht fehlen. Wichtig ist auch, dass die Kleinen nach jedem Aufenthalt im Wasser erneut mit Sonnencreme eingerieben werden.*

» *Suchen Sie vor dem Urlaub noch einmal Ihren Kinderarzt auf und sagen Sie ihm, wo Sie wie lange hinfahren. Er stellt Ihnen dann gern eine Liste mit Medikamenten für den Notfall zusammen.*

» *Sind Ihre Lieblinge noch klein dürfen Sie auf keinen Fall eine Rückentrage oder einen Buggy vergessen.*

» *Lesen Sie unter dem Stichwort „Packliste", was Sie sonst noch brauchen.*

Kleidung

Da die hier besprochene Atlantikküste weder im Tiefen Süden noch im Hohen Norden liegt, packen Sie am Besten das ein, was Sie auch zu Hause anziehen würden. Da der Wind jedoch wesentlich stärker blasen kann, packen Sie außerhalb der Saison noch einen oder zwei Pullover mehr ein. Ansonsten haben Sie im Sommer fast eine Sonnengarantie.

Klima

→ siehe Reisezeit/Klima

Krankheit

→ siehe Ärztliche Hilfe

Kühlschrank

In den meisten Womos sind Electrolux-Absorberkühlschränke eingebaut. Da die Geräte ohne bewegliche Teile auskommen, stellt sich so gut wie kein Verschleiß ein. Die Geräte können wahlweise mit 12 Volt, 230 Volt oder Gas betrieben werden, wobei der Betrieb über die Batterie möglichst nur während der Fahrt gewählt werden sollte.

Tipps:

» *Wenn Sie noch ein älteres Modell besitzen, ist es wichtig, vollkommen waagrecht zu stehen. Überprüfen können Sie das mit einem Glas Wasser, das Sie auf den Tisch stellen, denn jedes Grad Neigung verschlechtert die Kühlleistung.*

» *Die sogenannten lageunabhängigen Geräte vertragen eine Neigung von 15 %. Sie werden Ihr Fahrzeug jedoch sicher nicht in dieser Schräglage parken, denn dann wird's für Sie auch ungemütlich.*

» *Bei Gasbetrieb brennt ein kleines Flämmchen auf der Kühlschrankrückseite. Zur Überwachung der Flamme haben sich die Electrolux-Techniker ein kleines Fensterchen in der hintersten Kühlschrankecke einfallen lassen. Abgesehen davon, dass die Flamme nur bei Dunkelheit gut sichtbar ist, muss vorher auch noch das untere Kühlschrankfach umgeräumt werden, damit die Sicht auf das Fenster nicht durch die Butter und den Käse versperrt wird. Nachdem Sie ein paar Mal, auf dem Boden liegend, vergeblich die Flamme gesucht haben, werden Sie, wie wir, auch dazu übergehen, von außen am Kiemenblech zu horchen, ob Sie das Zischen der Flamme noch hören. Glücklicherweise haben die neueren Kühlschränke eine elektrische Zündung, die beim Verlöschen der Flamme sofort automatisch nachzündet.*

» *Jetzt verrate ich Ihnen noch, was Sie machen können, um die bestmögliche Kühlleistung zu erreichen.*

· Ganz wichtig ist eine gute Belüftung des Aggregates. Haben Sie zwei ausreichend große Kiemenlüfter (für Zu- und Abluft) in der Außenwand montiert? Ideal ist das Electrolux Be- und Entlüftungssystem. Auch wenn's Werbung ist: Die Größe ist optimal und Servicearbeiten lassen sich wesentlich leichter erledigen.

· Auch der beste Kühlschrank kann nicht gut kühlen, wenn er gleichzeitig der direkten Sonneneinstrahlung ausgesetzt ist. Stellen Sie sich möglichst so, dass die „Kühlschrankseite" Ihres Womos nach Norden zeigt.

· Benutzen Sie so oft wie möglich die Betriebsart „Gas"! Im 12-Volt-Betrieb ist im Nu Ihre Zweitbatterie entladen. Dann brauchen Sie sich natürlich nicht zu wundern, wenn Ihnen die Butter morgens entgegengelaufen kommt. In vielen Fahrzeugen funktioniert der 12V-Betrieb nur während der Fahrt. Vergessen Sie nicht umzuschalten!

Lebensmittel

Drei Tage sind wir in der Regel unterwegs, bis wir in BORDEAUX ankommen und ich muss gestehen, dass wir auch zu denen gehören, die am Wochenende losfahren. Wir müssen also von zu Hause soviel Verpflegung mitnehmen, dass wir bis Montag nicht verhungern. Natürlich ist das übertrieben, denn es gibt ja noch die Restaurants. Aber das ist ein anderes Kapitel (→ Restaurants). Wir decken uns jedenfalls für die ersten Tage mit schnell und einfach zuzubereitenden Gerichten ein.

Tipps:

» *Kommen Sie ja nicht auf die Idee, etwas das mit Fisch zu tun hat, mit nach FRANKREICH zu nehmen! Die Auslagen in den französischen Fischgeschäften (sogar die Fischtheken in Supermärkten) sind ein Augenschmaus und strotzen vor Frische.*

» *Das Angebot an Fleisch ist in etwa mit unserem zu vergleichen. Lamm- und Hammelfleisch wird allerdings wesentlich häufiger angeboten, als in Deutschland.*

» *Mit den französischen Würsten konnte ich mich bisher nicht anfreunden und unterlasse daher jede Stellungnahme. Lassen Sie sich überraschen!*

» *Beim Käse ist es genau umgekehrt: Ich habe noch keinen gefunden, der mir nicht schmeckt. Schwelgen Sie in der riesigen Auswahl und probieren Sie sich langsam durch. Am Ende Ihres Urlaubs haben Sie bestimmt einige Lieblingssorten. Merken Sie sich die Namen für den nächsten Urlaub. Sie kommen doch wieder!?*

» *Baguettes gehören mittlerweile zum Standard in deutschen Bäckereien. Daraus dürfen Sie jedoch nicht den Umkehrschluss herleiten, in FRANKREICH könnten Sie in jeder Bäckerei dunkles Brot erhalten. Sie bekommen es — müssen aber suchen. Im Übrigen bieten die Theken der Bäckereien eine Vielzahl von Teilchen und Kuchen an, die Sie einfach probieren müssen.*

Literatur

Ein Buch, das Sie bei Ihrem Womo-Urlaub an der Atlantikküste brauchen, haben Sie bereits vor sich liegen. Natürlich kann ich nicht auf alle Interessengebiete eingehen und möchte Ihnen im Folgenden noch zu einigen Büchern raten, die wir auf unseren Reisen immer wieder gern mitnehmen.

Ein „Muss" für alle Kunstfreunde, die sich näher mit den Kirchen, den Museen und sonstigen kulturhistorischen Sehenswürdigkeiten auseinandersetzen wollen:
Thorsten Droste — Périgord und Atlantikküste, DuMont Kunstreiseführer, DuMont Buchverlag, Köln

Kurz und übersichtlich, aber mit einer großen Informationsfülle kommt folgendes Büchlein daher:
Ralph Braun und Thorsten Droste — Bordeaux, Atlantikküste, Périgord, dtv, München

Die grünen Michelin-Reiseführer sind in FRANKREICH sehr beliebt, und wenn Sie einmal in einem geblättert haben, wissen Sie auch warum. Für mich waren Sie bei der Zusammenstellung dieses Reiseführers eine unersetzliche Hilfe. Folgende Titel sind in deutscher Sprache erhältlich. Sie sind auch direkt über den Womo-Verlag zu beziehen.
Michelin — Atlantikküste, Michelin Reifenwerke, Karlsruhe
Michelin — Auvergne - Périgord, Michelin Reifenwerke, Karlsruhe

Ein sehr informatives Buch das auf meiner persönlichen Bestenliste im oberen Bereich steht:
Marcus X. Schmid — Südwestfrankreich, Michael Müller Verlag, Erlangen

Ein wunderbares Buch (Wenn ich nur so schreiben und fotografieren könnte...):
Karlhans Frank / Dieter Kreutzkamp — Straßen in die Einsamkeit, Südwest-Frankreich, Frederking & Thaler, München

Die folgenden Bücher zeichnen sich hauptsächlich durch schöne Bilder aus. Sie sind in FRANKREICH in vielen Buchhandlungen und Souvenirläden erhältlich:

Jean-Jacques Fénié — Das Kennenlernen der Landes, Éditions Sud-Ouest, Bordeaux

Antoine Lebègue — Bekanntschaft mit den Pyrenäen, Éditions Sud-Ouest, Bordeaux

Georges Pialloux — Bekanntschaft mit dem Baskenland, Éditions Sud-Ouest, Bordeaux

Damit Sie auch alles verstehen:

Langenscheidts Universal-Sprachführer Französisch, Langenscheidt, Berlin und München

Medikamente

Arzneimittel, die Sie regelmäßig einnehmen müssen, brauchen Sie natürlich auch im Urlaub. Lassen Sie sich von Ihrem Arzt die nötige Menge verschreiben. Die folgenden Tipps verstehen Sie bitte nur als Anregung, Sie sollen schließlich keine komplette Apotheke mit sich führen.

Tipps:

» *Ihr „Arztkoffer“, den sie sowie an Bord haben, ist der Erste-Hilfe-Koffer. Gehen Sie damit zu einer Apotheke und lassen Sie den Inhalt überprüfen. Verschiedene Teile sind nur begrenzt haltbar. Nebenbei wird eventuell verbrauchtes Material wieder aufgefüllt.*

» *Am häufigsten reagieren die Verdauungsorgane auf die geänderten Ess- und Lebensgewohnheiten im Urlaub. Gegen Durchfall helfen, ganz unproblematisch, Kohletabletten. Was Sie bei Verstopfung brauchen, kann Ihnen Ihr Apotheker sagen, wenn Sie sowieso schon mal dort sind.*

» *Wenn Sie mit Kindern unterwegs sind lesen Sie im Kapitel „Kinder“ nach, was Sie brauchen.*

» *Denken Sie auch daran, dass jemand reisekrank werden könnte. Nicht jedem PKW-Mitfahrer bekommt das Fahrgefühl im Wohnmobil.*

» *Zum Schluss noch 3 Mittel, die Sie immer dabeihaben sollten:*

1. Zedan oder ein ähnliches Mittel auf Zedernöl-Basis gegen Mückenstiche

2. Einen Insektenstift „zur Beseitigung des Juckreizes nach Insektenstichen", wenn 1. versagt hat.

3. Sonnenöl

Packliste

Eine Kopiervorlage der Packliste zum Abhaken finden Sie auf Seite 228.

Panne

→ siehe Autohilfsdienste

Radfahren

Die französische Atlantikküste ist ausgesprochen radfahrerfreundlich. Sowohl nördlich als auch südlich des Beckens von ARCACHON gibt es ein gut ausgebautes Radwegenetz. Etwas schwieriger ist die Situation weiter im Landesinnern. In den PYRENÄEN werden Sie zwar auch Radfahrer sehen, die sind aber nicht zur Erholung hier, sondern haben eher sportliche Ambitionen.

Sie können auf jeden Fall unbesorgt Ihre Drahtesel mit auf die Reise nehmen. Bei einer Geschwindigkeit von 20 km/h können sie nämlich viel mehr entdecken, als wenn Sie mit dem Womo durch die Landschaft fahren.

Tipps:

» *Falls Ihr Womo nicht mit einem Fahrradträger ausgerüstet ist, achten Sie bei einem Kauf vor allem auf die Abstandshalter, die dafür sorgen, dass die Räder im oberen Bereich auseinander gehalten werden. Da ich selbst in der Zubehörbranche tätig bin, wurde ich schon mit den aberwitzigsten Konstruktionen konfrontiert. Jedes Rad sollte am Grundträger befestigt sein. Ein Abstandshalter von Fahrrad zu Fahrrad bringt außer einer Menge Scheuerstellen recht wenig.*

» *Wenn Sie bereits einen Heckträger montiert haben und Sie sich ebenfalls über die unzureichenden oberen Befestigungen ärgern, möchte ich Ihnen empfehlen, auf die Abstandshalter der im Handel befindlichen Alu-Träger-Systeme auszuweichen. Da die Alu-Rohre jedoch wesentlich dicker sind als die üblichen kunststoffbeschichteten Stahlrohre, müssen Sie einen kleinen Trick anwenden: Besorgen Sie sich im Baumarkt Isolation für Heizungsrohre. Dazu messen Sie den Durchmesser Ihres Grundträgers und kaufen die Isolation in der entsprechenden Stärke. Auf das so ummantelte Rohr können Sie dann Ihren Abstandshalter anschrauben. Das hat sogar noch den Vorteil, dass Scheuerstellen weitgehend vermieden werden.*

Redewendungen

→ siehe Sprache

Reisezeit / Klima

Die beste Reisezeit ist im Sommer, da hat der *Atlantik* genau die richtige Badetemperatur und die Sonne scheint unablässig vom Himmel. “Nein!”, rufen mir jetzt alle Gegner überfüllter Strände zu, “nur die Vor- oder Nachsaison kann für einen Urlaub an der Atlantikküste in Frage kommen.” Natürlich hat wieder jeder recht. Der hier beschriebene Abschnitt der französischen Atlantikküste ist ein beliebtes Urlaubsgebiet für die Franzosen und die Engländer.

Entsprechend stark sind die Strände frequentiert. Wenn Sie es so einrichten können, dass Sie nicht gerade zur Hauptreisezeit im Juli und August in Urlaub fahren müssen, sind Sie natürlich gut dran. Dann finden Sie nämlich nicht nur ein mildes Klima, sondern auch noch menschenleere Strände vor; speziell Ende August und im September.

Wenn Sie aufs Baden nicht so viel Wert legen, sondern lieber auf Besichtigungstour gehen, dann kann ich Ihnen das ganze Jahr empfehlen. Es ist in allen Jahreszeiten wesentlich milder als bei uns. Wir konnten uns Ende Oktober noch nachmittags am Strand von der Sonne verwöhnen lassen. Abendliche Spaziergänge mit offener Jacke waren sowohl im Frühjahr als auch im Spätherbst möglich. Außerhalb der Saison müssen sie allerdings damit leben, dass die Öffnungszeiten der Sehenswürdigkeiten eingeschränkt sind.

Restaurants

FRANKREICH und Restaurants gehören untrennbar zusammen. Wenn Sie schon so lange am Meer entlangfahren, wäre es eine Schande, wenn Sie nicht alle diese Köstlichkeiten, die der Atlantik bereithält, auch probieren würden. Eine Unzahl von frischen Fischen und sonstigem Meeresgetier wartet nur darauf, von Ihnen verspeist zu werden. Die Austern aus dem Becken von Arcachon genießen Weltruhm. Die Miesmuscheln dürfen sie ebenfalls nicht auslassen.

Im PÉRIGORD werden Sie mit Gänsen und Trüffeln konfrontiert. Während ich, wie bereits erwähnt, der Gänseleberpastete recht skeptisch gegenüberstehe, möchte ich Ihnen die Trüffel auf jeden Fall schmackhaft machen. Sie müssen Sie einfach probieren!

Im BASKENLAND begegnen wir wieder dem Meer. Fischgerichte haben einen hohen Stellenwert. Die baskische Fischsuppe Ttoro sollten Sie auf jeden Fall einmal probieren. Scharf gewürzt wird hier allemal, kosten Sie eine Piperade, ein baskisches Omelette.

Jetzt möchte ich Ihnen noch ein paar verschiedene französische Gaststätten vorstellen:

Eine **Brasserie** ist am ehesten mit unseren Gasthäusern zu vergleichen. Preiswerte und einfache Gerichte werden schnell und preisgünstig serviert.

Die **Cafés** entsprechen unseren Kneipen. Man trifft sich dort, um etwas zu trinken oder um sich zu unterhalten.

In einer **Crêperie** können Sie eine Vielzahl der französischen Pfannkuchen durchprobieren.

Es bleibt das **Restaurant**, das auch bei uns Restaurant heißt. Der "Michelin" vergibt nach sehr strengen Kriterien einen bis drei Sterne.

Wenn Sie schließlich ein Restaurant gefunden haben, müssen Sie auch die Speisekarte lesen können. Die wichtigsten Ausdrücke habe ich hier für Sie zusammengestellt:

Fische

Anchois .... Sardelle
Anguille .... Aal
Cabillaud .... Kabeljau
Carpe .... Karpfen
Congre .... Meeraal
Dorade .... Brassen
Equille .... Sandaal
Hareng .... Hering
Lieu noir .... Seelachs
Lotte de mer .... Seeteufel
Loup de mer .... Seebarsch
Maquereau .... Makrele
Merlan .... Wittling, Merlan
Merlu .... Seehecht
Plie .... Scholle
Raie .... Rochen
Saumon .... Lachs
Sole .... Seezunge
Thon .... Thunfisch
Truite .... Forelle
Turbot .... Steinbutt

Sonstige Meerestiere

Araignée .... Seespinne
Bouquet .... Seekrebs
Coque .... Herzmuschel
Coquille St-Jacques .... Jakobsmuschel
Crabe .... Krabbe
Crevette .... Garnelen
Écrevisse .... Flusskrebs
Grenouille .... Frosch
Homard .... Hummer
Huîtres .... Austern
Langouste .... Languste
Moules .... Miesmuscheln
Poulpe .... Krake
Praire .... Venusmuschel
Seiche .... Tintenfisch
Tourteau .... Taschenkrebs

Fleisch

Agneau .... Lamm
Bifteck .... Beefsteak
Boeuf .... Rind
Cervelle .... Hirn
Côtelette .... Kotelett
Escalope .... Schnitzel
Foie .... Leber
Langue .... Zunge
Lapin .... Kaninchen
Lièvre .... Hase
Mouton .... Hammel
Porc .... Schwein
Sanglier .... Wildschwein
Saucisses .... Würstchen
Veau .... Kalb

Geflügel

Canard .... Ente
Dinde .... Pute
Faisan .... Fasan
Oie .... Gans
Poule .... Huhn

Getränke

Cidre .... Apfelwein
Bière .... Bier
Eau minérale .... Mineralwasser
Vin .... Wein
- blanc .... Weißwein
- de table .... Tischwein
- du pays .... Landwein
- rouge .... Rotwein

Rundfunk

Es gibt mehrere Gründe für uns, nie mehr ohne Kurzwellenempfänger in Urlaub zu fahren: Trotz relativ guter Französischkenntnisse, verstehen wir selten die Nachrichten des Französischen Rundfunks vollständig. Natürlich hilft die Lektüre der Zeitung, aber da werden Sie nicht lesen, was bei Ihnen zu Hause passiert. Vor einigen Jahren fegte ein Orkan über die PFALZ hinweg und beschädigte einige Häuser in unmittelbarer Umgebung unseres Wohnortes, während wir, nichts ahnend, in der BRETAGNE spazierengingen. Den Ausschlag gab jedoch ein ADAC-Reiseruf, der uns galt, jedoch mangels Radio nicht gehört wurde.

Tipps:

» *Ein preiswertes Kurzwellenradio reicht schon aus, um die wichtigsten deutschen Sender zu empfangen. An das „Fading", das An- und Abschwellen der Lautstärke haben Sie sich schnell gewöhnt. Außerdem brauchen Sie sich das Gequäke ja nur 5 Minuten täglich anzuhören.*

» *An der ATLANTIKKÜSTE sind die „Deutsche Welle" und „SWR 3" gut zu empfangen. Wenn Sie nur an der Weltpolitik interessiert sind, drehen sie einfach so lange, bis Sie eine deutsche Stimme hören. Irgendein Land sendet immer mal wieder Nachrichten in deutscher Sprache. Besonders Radio Moskau ist in fast allen Wellenbereichen gut zu hören. Die oben genannten Sender finden Sie auf folgenden Frequenzen:*

· Deutsche Welle: 6075 /6145 /9545 /9650 /9690 kHz

· SWR 3: 7265 kHz

Sprache

Zuerst die gute Nachricht: Mit ein paar Brocken Französisch werden Sie in Ihrem Urlaub nicht verhungern. Auf englische oder gar deutsche Sprachkenntnisse können Sie jedoch nur in ausgesprochenen Touristenorten hoffen. Wenn Sie Bruchstücke Ihres Schulfranzösisch in Ihren heutigen Alltag hinüberretten konnten, gebrauchen Sie es! Ihr Gesprächspartner wird bemüht sein, sich Ihnen verständlich zu machen. Mein Tipp: Kaufen Sie sich einen kleinen Sprachführer (ein Wörterbuch nützt wenig!) wenn Sie von der Landessprache absolut keine Ahnung haben.

Die schlechte Nachricht: Auch wenn Sie gut Französisch sprechen, können Sie sich zwar verständlich machen, ob Sie jedoch die Einheimischen verstehen sei dahingestellt.

Im Baskenland wird es vollends chaotisch. Sie begegnen dort einem Idiom, das nicht einmal der indogermanischen Sprachfamilie angehört, also mit den meisten europäischen Sprachen absolut nichts gemeinsam hat. Aber keine Angst: So sehr es zu wünschen bleibt, dass diese Sprache nicht ausstirbt, so sicher ist es auch, dass jeder Baske entweder Spanisch oder Französisch spricht.

Die wichtigsten Redewendungen habe ich Ihnen hier zusammengestellt:

Ja/Nein .... Oui/Non
Guten Tag .... Bonjour
Guten Abend .... Bonsoir
Auf Wiedersehen .... Au revoir
Bitte .... S'il vous plaît
Danke .... Merci
Verzeihung .... Pardon
Sprechen Sie...
Deutsch? .... Parlez-vous allemand?
Englisch? .... Parlez-vous anglais?
Was kostet das? .... Ça fait combien?
Können Sie das aufschreiben? .... Voudriez-vous l'écrire?

Da die Franzosen sehr höfliche Leute sind, sollten Sie jedem dieser Ausdrücke entweder „Monsieur" oder „Madame" folgen lassen. Wenn Ihnen beim Wandern auf einsamen Wegen jemand entgegenkommt und schlicht und einfach „bonjour" sagt, können Sie mit ziemlicher Sicherheit davon ausgehen, dass Sie einem Ausländer begegnet sind.

Stellplätze

Bevor ich dieses Buch schrieb, habe ich mir lange überlegt, ob ich überhaupt schöne Stellplätze veröffentlichen soll oder nicht. Da Sie das Buch jetzt in Ihrer Hand halten, wissen Sie, wie ich mich entschieden habe. Ich möchte Sie an dieser Stelle jedoch noch einmal bitten weiterzufahren, wenn bereits zwei Wohnmobile auf einem „grauen Platz“ stehen. Ansonsten kann es sehr schnell zu Verboten kommen, die uns alle treffen! Es gibt unzählige Übernachtungsplätze. Schlimmstenfalls stehen Sie eben eine Nacht nicht ganz so idyllisch, wie Sie sich das vorgestellt hatten, haben dafür aber die Gewissheit auch in einigen Jahren noch an der ATLANTIKKÜSTE frei stehen zu können. In diesem Zusammenhang verweise ich auf Parkplätze oder Marktplätze in den Dörfern oder möchte Sie auf die allgegenwärtigen LKW-Parkplätze an den Ortsrändern hinweisen. Sie können von dort aus einen wunderschönen Abend in den Gasthäusern der betreffenden Gemeinde verbringen und werden kaum das Auge des Gesetzes auf sich aufmerksam machen.

Tipps:

- *Das Schild „camping interdit“ hat seinen Grund, und sei es nur der, dass im betreffenden Ort schlechte Erfahrungen mit Campern gemacht wurden. Reden Sie sich nicht damit heraus, dass Sie ja „eigentlich nicht campieren“. Respektieren Sie das Verbot.*

- *Die Verwaltungen und die Polizei sind auch in* FRANKREICH *Ihre Freunde und Helfer. Fragen Sie, wo Sie eine oder zwei Nächte im Womo verbringen können. Meist werden Sie auf sehr schöne Plätze verwiesen.*

- *Wenn sie mehr als 2 oder 3 Tage an einem Ort bleiben wollen, empfehle ich Ihnen, auf einen Campingplatz auszuweichen. Viele französische Orte verfügen über einen „Camping municipal", einen gemeindeeigenen Campingplatz, auf dem Sie für wenig Geld, unterkommen können. Weitere Campingplätze entnehmen Sie den aktuellen Campingführern.*

- *Als „alter Hase" wissen Sie, wo Sie stehen können, und wo nicht. Ich kann Ihnen versichern, dass Sie in* SÜDWESTFRANKREICH *— besonders außerhalb der Saison — viele Stellplätze finden werden, die Sie nicht enttäuschen.*

- *Es gibt natürlich regionale Unterschiede. In ausgesprochenen Touristengebieten — und das sind fast alle Orte am Meer — ist es natürlich schwerer einen Standplatz zu finden als im Landesinneren. Glücklicherweise geht die Entwicklung dahin, dass man uns Wohnmobilisten nicht mehr rigoros aussperrt, sondern im Gegenteil versucht, offizielle Plätze zu schaffen, auf denen wir 24 oder 48 Stunden bleiben können. Die wachsende Zahl von Ver- und Entsorgungsstationen gibt Anlaß zur Hoffnung.*

- *Einen ganz einfachen Ratschlag möchte ich Ihnen nicht vorenthalten: Falls Sie innerhalb eines Ortes nächtigen, schlüpfen Sie ganz kurz in die Rolle eines Anwohners: Würden Sie (als Anwohner) sich über Sie (als Womo-Fahrer) ärgern? Falls ja, stehen Sie offensichtlich falsch hier. Ich selbst versuche immer so zu stehen, dass ich möglichst keine „Nachbarn" habe.*

Strände

Allen, die einen reinen Badeurlaub planen, gebe ich jetzt eine Übersicht über die Strände. Ich beginne im Norden an der *Gironde*-Mündung und ende an der spanischen

Grenze. Die Beschreibung ist subjektiv und soll es auch sein.

LE VERDON-SUR-MER: Liegt noch nicht am *Atlantik*, sondern in der *Gironde*-Mündung. Die Wasserqualität lässt daher stark zu wünschen übrig. Übernachtungsplatz sowie Ver- und Entsorgungsstation vorhanden (→ Ver- und Entsorgung im Service-Teil).

SOULAC-SUR-MER: Großer Sandstrand. Der Ort ist allerdings nicht wohnmobilfreundlich. Parkmöglichkeiten am Strand kaum vorhanden.

LE GURP: Einsamer Strand, der hauptsächlich von Surfern aufgesucht wird. Baden gefährlich. Auch in der Hochsaison durch die große Ausdehnung nicht überfüllt. Großer Parkplatz mit Übernachtungsmöglichkeit und Campingplatz vor der Düne.

MONTALIVET-LES-BAINS: Größtes FKK-Gebiet Europas. Sehr großer Sandstrand, jedoch wenig Parkmöglichkeiten für Wohnmobile. Stellplatz vor dem „Camping Municipal" (→ Ver- und Entsorgung im Service-Teil).

HOURTIN-PLAGE: Großer Sandstrand mit starker Brandung. Viele Surfer. Die Parkplätze an der Strandpromenade sind nachts für Womos gesperrt, tagsüber überfüllt. Einen Ausweichparkplatz gibt es auf der linken Seite in Richtung HOURTIN fast am Ortsende von HOURTIN-PLAGE.

HOURTIN-PORT: Familienfreundlicher überwachter Sandstrand am *Lac d'Hourtin-Carcans*. Seicht abfallendes Ufer, ideal für Kinder. Bootsverleih, Minigolf, Kinderparadies und Übernachtungsplatz (→ Ver- und Entsorgung im Service-Teil).

MAUBUISSON: Liegt am Südufer des *Lac d'Hourtin-Carcans*. Daher ähnlich wie HOURTIN-PLAGE. Parkmöglichkeiten für Womos allerdings nur ganz am Anfang und am Ende des Strandes.

CARCANS-PLAGE: Kleiner Ort am *Atlantik* mit großen Strand, der immer Sommer jedoch stark frequentiert wird.

Dune de Pilat

Außerhalb der Saison ist er menschenleer, der Ort allerdings auch.

LACANAU-OCÉAN: Bevorzugter Strand für die Einwohner des Großraums BORDEAUX. Riesiger Sandstrand, jedoch im Sommer sehr stark besucht. In Strandnähe keine Parkplätze für Wohnmobile. Paradies für Surfer.

LE PORGE-OCÉAN: Sehr großer Strand ohne Ort in der Nähe, dafür schattige Parkplätze im Wald für über 3000 Fahrzeuge. Kurzer Fußmarsch zum Strand.

GRAND CROHOT-OCÉAN: Wie LE PORGE ohne Ortschaft in der Nähe, dafür mit Parkplatz für 1500 Fahrzeuge. Der Strand ist dementsprechend groß.

CAP FERRET: Strände sowohl zum *Atlantik* hin als auch zum *Becken von ARCACHON*. Viele junge Leute an der Meerseite, Familien an dem gegenüberliegenden Strand. Reizvoller Blick auf die Dune de Pilat.

PILAT PLAGE: Der Strand lebt nur von der Dune de Pilat. Die wird von jährlich eineinhalb Millionen Menschen besucht. Es ist also ständig High Life hier.

BISCARROSSE-PLAGE: Der ausgedehnte Halbstrand ist im Sommer stark frequentiert. Nach Süden hin grenzt ein militärisches Sperrgebiet an, der ihn rigoros abschneidet.

PARENTIS-EN-BORN: Strand am *Étang de BISCARROSSE et de PARENTIS*. In diesem See wird Erdöl gefördert. Angeblich wird die Wasserqualität dadurch nicht beeinträchtigt. In Strandnähe ein Übernachtungsplatz (→ Ver- und Entsorgung im Service-Teil).

MIMIZAN-PLAGE: Badeort für junge Familien und in der Hauptsaison überfüllt. Wenig attraktiver und teurer Stellplatz in unmittelbarer Strandnähe (→ Ver- und Entsorgung im Service-Teil).

Ab hier werden die Strände mit Unrat aus den nordspanischen Industriegebieten durch den Golfstrom stark verschmutzt. Der Uferbereich wird bei den nun folgenden Orten daher in regelmäßigen Abständen gereinigt.

CONTIS-PLAGE: Wesentlich ruhiger als MIMIZAN. Rege Bautätigkeit im Dünenbereich. Freundlicher, wenn auch nicht gerade billiger Stellplatz 10 Minuten vom Strand entfernt (→ Ver- und Entsorgung im Service-Teil).

LÉON: Am Ufer des *Étang de LÉON* ist ein recht ordentlicher Strand. Wie an allen Seen in diesem Gebiet natürlich kinderfreundlich. Ein etwas zweifelhafter Übernachtungsplatz in etwa 400 Meter vom Strand (→ Ver- und Entsorgung im Service-Teil).

VIEUX-BOUCAU: Sehr ausgedehnter Strand am *Atlantik* und Bademöglichkeiten auch am *Étang de Pinsolle*. Auch hier wieder ein Stellplatz für Reisemobile nicht weit vom Strand entfernt (→ Ver- und Entsorgung im Service-Teil).

CAPBRETON: Hier gibt es wieder zwei Möglichkeiten zum Baden. Neben dem *Atlantik* ist es auch wieder ein Binnensee, der vor allem Familien mit Kindern anzieht. Am *Atlantik* in unmittelbarer Strandnähe ein großer Stellplatz (→ Ver- und Entsorgung im Service-Teil).

LABENNE-OCÉAN: Tabu für Wohnmobilisten. Strandzufahrt mit einer Stange abgesperrt.

ONDRES-PLAGE: Großer Sandstrand mit großem Parkplatz davor. Ein Teil des Platzes ist für Wohnmobile reserviert (→ Ver- und Entsorgung im Service-Teil).

BIARRITZ: Lebt von seinem verblassenden Ruhm. Mehrere kleine Strände in Stadtnähe. Wegen der katastrophalen Parksituation jedoch nicht empfehlenswert.

ST-JEAN-DE-LUZ: Großer Strand, der direkt von der Stadt aus erreichbar ist. Auch in der Hochsaison lässt sich immer ein Plätzchen finden.

HENDAYE-PLAGE: In einer geschützten Bucht liegend ist die Brandung hier trotz des offenen *Atlantiks* gemäßigt. Auch im Sommer nicht überfüllt.

Straßenhilfsdienste

→ siehe Autohilfsdienste

Straßenverhältnisse

→ siehe Verkehr

Tankstellen

Das Tankstellennetz ist so dicht wie in DEUTSCHLAND. Die Dieselpreise unterscheiden sich nicht sonderlich von den deutschen. Benzin und Super sind jedoch deutlich teurer. In wie weit sich die Situation in den nächsten Jahren angleicht bleibt abzuwarten. In Frankreich finden Sie — genau wie in DEUTSCHLAND — preiswerte und teure Zapfsäulen.

Tipp:

» *Auch in FRANKREICH gilt, dass Sie in den großen Supermärkten am preiswertesten tanken können. Achten Sie hierbei aber auf die Durchfahrthöhe an den Zapfsäulen. Die Supermarkttankstellen sind meistens für PKW ausgelegt.*

Telefonieren

In Frankreich können Sie von jeder Telefonzelle aus nach DEUTSCHLAND telefonieren. Wählen Sie dazu die 00 49 gefolgt von der Vorwahl (ohne die führende 0) und der Rufnummer. Vor einigen Jahren hat Frankreich sein Telefonsystem umgestellt. Sollten Sie noch 8-stellige Rufnummern zur Hand haben, sind diese mittlerweile ungültig und müssen mit einer Art Vorwahl versehen werden. Besorgen Sie sich die neue Nummer. Wenn's gar nicht anders geht kann ich Ihnen die Vorwahl liefern. Ich brauche dazu die ersten beiden Ziffern der alten Telefonnummer (Wenn (1) davor stand bitte vermerken!). Bitte sehen Sie von telefonischen Anfragen ab und legen Sie bei schriftlichen Anfragen einen frankierten Umschlag oder eine frankierte Postkarte bei. Am schnellsten geht's per Fax oder e-Mail.

Telefonzellen mit Münzeinwurf sind mittlerweile kaum noch zu finden, dafür wächst die Anzahl der Kartentelefone Jahr für Jahr. Die benötigte „Télécarte“ können Sie auf der Post und in Tabakläden kaufen.

Tipps:

» *Die französischen Telefonzellen haben eine Rufnummer, können also auch von Deutschland aus angewählt werden. In einer Ecke der Zelle finden Sie einen Aufkleber mit der Aufschrift „Ici le ...“ gefolgt von einer 10-stelligen Nummer. Im Notfall können Sie auf diese Weise ohne viel Bargeld oder Telefonkarte ein Auslandsgespräch führen. In einem kurzen Anruf geben Sie Ihrem Gesprächspartner die Nummer der Zelle an und warten auf den Rückruf. Ihr Gegenüber braucht dann lediglich von Deutschland aus 0033 und anschließend die 10-stellige Nummer ohne die führende 0 zu wählen, und schon klingelt das Telefon in Ihrer Zelle.*

» *Eine etwas teurere Möglichkeit ist das R-Gespräch. Sie erreichen unter der Nummer 190049 von FRANKREICH aus eine (deutschsprechende) Vermittlung, die Sie weiter verbindet. Die Kosten des Gespräches werden dem Angerufenen in Rechnung gestellt. Für die ersten 3 Minuten fallen hierbei jedoch über 15 DM an und jede weitere Minute schlägt mit über 1 Mark zu Buche.*

Temperaturen

→ siehe Reisezeit / Klima

Toilette (bordeigene)

Ein großer Teil der Womos verfügt über einen Waschraum mit Toilette oder eine Toilette, die in einem Sitzkasten untergebracht ist. Die am häufigsten verwendete Variante ist die tragbare Toilette, bestehend aus Oberteil mit Frischwasser und einem zum Entleeren abtrennbaren Unterteil für die Fäkalien. Die fest eingebaute Toilette mit separatem Fäkalientank ist von der Bequemlichkeit zwar überlegen, in der Entsorgung jedoch problematischer. Ein Zwitter stellt die sehr beliebte Cassette dar. Der Sitz ist fest installiert, der Fäkalientank kann jedoch von außen entnommen und zur Entleerungsstelle gebracht werden. Allen Varianten gemeinsam ist die Tatsache, dass auf irgendeine Weise die Geruchsbildung und Gärprozesse unterbunden werden müssen.

Bis vor einigen Jahren wurde hierzu die chemische Keule Formaldehyd eingesetzt. Bald hat man jedoch gemerkt, dass Formaldehyd außer den Bakterien im Fäkalientank auch den Bakterien in kleinen und mittleren Kläranlagen den Garaus machte, was dort absolut unerwünscht ist. Berichte über die Krebsgefahr von Formaldehyd taten ein Übriges, um die Hersteller der Toilettenchemikalien zum Umdenken zu zwingen. Mittlerweile gibt es Flüssigkeiten, die auf eine völlig andere Weise arbeiten und zugleich biologisch unbedenklicher sind. Ihr Fachhändler berät Sie hierbei gern. Für fest eingebaute Fäkalientanks gibt es inzwischen auch ein Mittel, das nicht — wie alle anderen — nach dem Fassungsvermögen des Tanks dosiert wird, sondern als „Impfung“ in immer gleicher Dosierung in den Tank gegeben wird, ganz gleich wie groß er auch sei.

Eine weitere Möglichkeit der Geruchsvermeidung ist eine Belüftung der Toilette nach außen. Zwei Systeme sind gebräuchlich. Bei der preiswerten No-Kem Toilettenentlüftung setzt man allein auf das Überdruckprinzip um die Gase durch ein Aktivkohlefilter nach außen zu leiten. Bei der etwas teureren SOG-Entlüftung ist ein zusätzlicher Ventilator eingebaut.

Es bleibt nach wie vor das Problem der Entsorgung. Mit einem tragbaren Tank und Chemikalien ohne Formaldehyd können Sie problemlos in jeder öffentlichen Toilette Ihre Geschäfte loswerden. Fest installierte Tanks benötigen eine spezielle Entsorgungsstation. Welche Stationen geeignet sind, können Sie im Service-Teil nachlesen. Das Faltblatt AL 34 „Service-Stationen für Wohnmobile in Europa“ vom ADAC nennt noch einige zusätzliche Plätze außerhalb der Tourenvorschläge.

Toiletten (öffentliche)

Öffentliche Toiletten finden Sie in fast allen Orten im Zentrum, meist in der Nähe des Marktplatzes. Theoretisch könnten Sie dort auch Ihre Wasserkanister auffüllen, da in diesen Toiletten jedoch oft katastrophale Zustände herrschen, werde ich auf diese Möglichkeit nur dann hinweisen, wenn sich der Wasserhahn außerhalb des Gebäudes befindet.

Tourismus

Eingangs habe ich bereits erwähnt, dass die ATLANTIKKÜSTE im Sommer stellenweise stark von Touristen frequentiert wird. Der Massentourismus beschränkt sich jedoch auf bestimmte Orte und Regionen. Der größte Teil der hier beschriebenen Landschaft ist nach wie vor den Individualisten vorbehalten. Wenn Sie es irgendwie einrichten können, besuchen Sie die ATLANTIKKÜSTE nicht in der Hauptreisezeit.

Treibstoffe

→ siehe Tankstellen

Verkehr

Die französischen Autobahnen und Nationalstraßen sind alle in einem guten Zustand. Auch die meisten hier beschriebenen Straßen sind für alle Wohnmobile befahrbar. Ganz wenige Abstecher führen über sehr enge Straßen. Ich weise allerdings im Text deutlich darauf hin, wenn eine Wegstrecke für größere Mobile nicht geeignet ist. Auch, wenn für bestimmte Straßen Einschränkungen für die Fahrzeughöhe oder das Gesamtgewicht bestehen, die für Womo-Fahrer relevant sind, habe ich darauf hingewiesen.

Die Höchstgeschwindigkeit innerhalb von Ortschaften beträgt 50 km/h. Auf Landstraßen dürfen Sie 90 km/h schnell fahren, und wenn gar 2 Fahrstreifen in jede Richtung vorhanden sind, beträgt das Limit 110 km/h. Diese beiden Grenzen verringern sich um jeweils 10 km/h bei Nässe. Auf Autobahnen dürfen Sie 130 km/h fahren — wenn Sie können! Bei Nässe 110 km/h. Ist Ihr Führerschein noch jünger als ein Jahr? Dann gilt für Sie generell Tempo 90.

Tipp:

» *Die Innenstädte der größeren Orte sind oft für Fahrzeuge über 3,5 t gesperrt. Für Städte, die Sie lediglich durchfahren wollen, ist das für Sie von Vorteil. Es existiert dann nämlich eine gut ausgebaute Umgehung für den Schwerverkehr (Itinéraire Poids Lourds), die Ihnen ein mühsames Zurechtfinden und den Stop-and-go-Verkehr in der fremden Stadt erspart. Problematisch wird es dann, wenn Sie die betreffende Stadt besuchen wollen. In diesem Fall ist es wohl meist besser, wenn Sie sich am Cityrand einen Parkplatz suchen und die Stadt zu Fuß besuchen, als dass Sie sich mit Ihrem Gefährt durch die engen Straßen quälen.*

Verkehrszeichen

Die Verkehrszeichen sind natürlich mit unseren identisch. Die Zusätze habe ich hier erklärt:

Accès interdit .... Einfahrt verboten
Camping-car .... Womo
Carrefour .... Große Kreuzung
Cédez le passage .... Vorfahrt gewähren
Chantier .... Baustelle
Déviation .... Umleitung
Feux .... Ampel
Hauteur limitée .... Höhenbeschränkung
Passage à niveau .... Bahnübergang
Ralentissez! .... Langsam fahren!
Rappel .... Erinnerungshinweis
Sens unique .... Einbahnstraße
Stationnement interdit .... Halteverbot
Vehicules lents serrez à droite ...... Langsame Fahrzeuge rechts fahren!
Vent latéral .... Seitenwind
Vitesse controlée .... Geschwindigkeit wird überwacht
Vous n'avez pas la priorité .... Sie haben keine Vorfahrt

Verständigung

→ siehe Sprache

Wanderungen

Zum Wandern möchte ich Sie direkt an der Küste nicht animieren. Es ist im Sommer viel zu heiß und die Landschaft ist nicht gerade abwechslungsreich. Natürlich können Sie durch die ausgedehnten Pinienwälder wandern, wenn Sie vom Strandtrubel genug haben. Aber warum sollte ich dazu eine Anleitung geben?

Anders sieht sie Sache in den PYRENÄEN aus. Hier können Sie an fast jeder Ecke die Wanderschuhe anziehen. Es sind sehr viele Rundwege markiert, die Sie nicht enttäuschen werden. Ein paar Vorschläge finden Sie bei den entsprechenden Touren.

Das nächste Wanderparadies erreichen Sie an der *Dordogne*. Auch dort finden Sie viele markierte Wege.

Wasserversorgung

In Ihrem Womo verfügen Sie vermutlich über eine Frischwasserreserve von 20 bis 150 Litern. Kleinere Wassermengen werden oft in Kanistern aufbewahrt, was die Befüllung natürlich erleichtert. Ab 50 Litern kommen fest installierte Tanks zum Einsatz. Bei jede Tankstop bietet sich grundsätzlich die Möglichkeit das Trinkwasser aufzufüllen. Gegen ein kleines Trinkgeld wird Ihnen jeder Tankwart erlauben Ihren Wassertank aufzufüllen. (Wobei das Trinkgeld der entnommenen Wassermenge entsprechen sollte.) Kanister können an jedem Wasserhahn gefüllt werden, ein Schlauch zum Befüllen der eingebauten Tanks ist jedoch nicht immer vorhanden. Daher empfiehlt sich die Mitnahme einer speziellen „Trinkwassergießkanne", die sich an jedem Wasserhahn füllen lässt und mit der man den eigenen Wassertank problemlos auffüllen kann. Weitere

Tipps finden Sie im „Allgemeinen Wohnmobil-Handbuch“, das als Band 5 dieser Reihe erhältlich ist.

Wenn Sie Bedenken bezüglich der Wasserqualität haben, oder Ihren Wassertank nicht innerhalb von 2 - 3 Tagen leeren können, empfehle ich Ihnen, das Wasser mit einem Mittel auf Silberionen-Basis zu behandeln. (Z. B. Micropur oder Certisil Argento.) Hierbei wird Ihr Trinkwasser einerseits entkeimt, andererseits haltbar gemacht. Nach 2 bis 3 Stunden Einwirkungszeit ist damit behandeltes Wasser keimfrei und 6 Monate haltbar. Eine Veralgung müssen Sie jetzt nicht mehr befürchten. Die Tatsache, dass ich ausgerechnet ein Mittel auf Silberionen-Basis empfehle, hängt damit zusammen, dass es gegenüber den anderen auf dem Markt befindlichen Mitteln Vorzüge aufzuweisen hat:

- Es ist geruchs- und geschmacklos.

- Es ist 10 Jahre haltbar.

- Es wirkt durch Silberionen und ist daher frei von Chlor und Jod.

Die Entkeimungstabletten erhalten Sie bei Ihrem Fachhändler in der richtigen Dosierung für Ihren Wassertank.

Wein

Seit fast 2000 Jahren wird im Bordelais Wein angebaut. Erst im letzten Jahrhundert wurde aus dem Weinbau eine Wissenschaft. Man begann der Lagerung und der Reifung zunehmend Beachtung zu schenken. Auch die Klassifizierung datiert in diese Zeit. Alle Bordeaux-Weine gehören zur Klasse der „Appellation Contrôlée“. Hiermit wird ein bestimmtes Anbaugebiet sowie eine Mindestqualität bescheinigt.

Das milde und trockene atlantische Klima in Verbindung mit der günstigen mineralogischen Zusammensetzung des Bodens prädestiniert diese Region für den Weinanbau. Wir haben es hier mit dem größten zusammenhängenden Weinbaugebiet der Welt für Qualitätsweine zu tun. Auf einer Anbaufläche von 105000 ha werden jährlich knapp 4 Millionen Hektoliter Wein erzeugt. Davon sind etwa ein Viertel Weißweine, der Rest Rotweine. Im Norden überwiegen die roten Sorten, im Süden die weißen, was mit der Niederschlagsmenge zusammenhängt. Eine hohe Feuchtigkeit können Weißweine eher verkraften als rote Sorten.

Château Palmer im Médoc

Innerhalb des Weinbaugebiets des BORDELAIS gibt es mehrere Regionen:

Das Médoc

Das Gebiet zieht sich am Westufer der *Gironde* von der Mündung bis nach BORDEAUX hin. Es wird noch einmal in MÉDOC im Norden und HAUT-MÉDOC im Süden aufgeteilt. Es werden dazu noch die Lagen ST-ESTÈPHE, ST-JULIEN, LISTAC, MOULIS und MARGAUX unterschieden. An verschiedenen Qualitätsstufen unterscheidet man im MÉDOC: „Premier“ bis „Cinquième Grand Cru Classé“, Cru Exceptionnel“, „Cru Bourgeois Supérieur“ und „Cru Bourgeois“.

Alle MÉDOC-Weine werden aus zwei oder mehreren Rebsorten gemischt.

Graves

Dieses Gebiet bildet die Verlängerung des MÉDOC südlich von BORDEAUX auf der linken Seite der *Garonne*. Hier werden sowohl Weiß- als auch Rotweine angebaut. Die roten Sorten sind denen des MÉDOC ähnlich. Daher werden MÉDOC und GRAVES zu einer Familie gerechnet. Die weißen Sorten gedeihen im Süden, wo der Boden lehmhaltig ist.

Sauternes

In der Umgebung des Dorfes SAUTERNES wird ausschließlich Weißwein angebaut. Es sind — anders als im restlichen BORDELAIS — goldgelbe, süße und schwere Weine. Dies ist der Sémillon-Traube zu verdanken. Bei einer bestimmten Temperatur und Luftfeuchtigkeit befällt ein Pilz die Frucht und lässt die Schale porös werden. Es tritt Saft aus und die Konzentration an Zucker und Aromastoffen im Innern der Beere steigt.

Wann der optimale Zeitpunkt für die Lese gekommen ist, unterscheidet sich von Beere zu Beere, so dass bis zu fünf Mal gelesen wird. Es wird nicht einmal die ganze Traube geerntet, sondern Frucht für Frucht. Dieser enorme Arbeitsaufwand schlägt sich natürlich im Preis nieder.

Premières Côtes de Bordeaux

Die Premières Côtes de BORDEAUX liegen am gegenüberliegenden *Garonne*-Ufer wie GRAVES und SAUTERNES. Es werden überwiegend Rotweine von guter Qualität angebaut, die zu erschwinglichen Preisen gehandelt werden. Die Weine sind fruchtig und mild.

Entre-Deux-Mers

Diese Region, zwischen *Garonne* und *Dordogne* gelegen, ist ein fast reines Weißweingebiet. Der Wein ist den weißen Sorten der GRAVES verwandt.

St-Émilion - Pomerol - Fronsac

Auf der rechten Seite der *Dordogne* gelegen, war bis vor wenigen Jahrzehnten nur ST-ÉMILION bekannt für seine hervorragenden Weine. Mittlerweile sind auch POMEROL und FRONSAC für erstklassige Weine bekannt. Hier wird ausschließlich Rotwein von sehr guter Qualität angebaut.

Die Klassifizierung ist etwas einfacher als im MÉDOC: An der Spitze stehen die „Premiers Grands Crus Classés", gefolgt von den „Grands Crus Classés“ und den „Crus Classés“.

Côtes de Bourg und Côtes de Blaye

Dieses Gebiet liegt gegenüber dem MÉDOC auf dem östlichen *Gironde*-Ufer. An den CÔTES DE BOURG werden vorwiegend Rotweine, an den CÔTES DE BLAYE überwiegend Weißweine angebaut.

Beide Gebiete liegen nicht an den im ersten Teil beschriebenen Routen.

Kleines Weinwörterbuch

Vin .... Wein
Vin blanc .... Weißwein
Vin bourru .... Junger, noch nicht geklärter Wein
Vin chaud .... Glühwein
Vin cuit .... Sirupartig eingekochter Traubenmost
Vin de côtes .... Wein von Hügellagen
Vin de coule .... Wein aus der ersten Pressung
Vin de couvée .... Wein aus der ersten Pressung
Vin de garde .... Ausgeglichener, harmonischer Wein
Vin de goutte .... Wein aus der letzten Pressung
Vin de liqueur . Süßwein, dessen Gärung gestoppt wurde
Vin de messe .... Messwein
Vin de paille goldgelber, süßer Wein aus handverlesenen Trauben, die auf Strohmatten in der Sonne gereift sind
Vin de palus ...... Rotwein aus unmittelbar an den Flüssen Garonne, Dordogne und Gironde gelegenen Weinbergen
Vin de pays .... Landwein
Vin de paysan .... Hauswein
Vin de plaine .... Wein aus Flachlandanbau
Vin de presse .... Tresterwein
Vin doux .... Traubensaft vor der Gärung
Vin doux .... Süßwein
Vin gris ..... Roséwein in Elsaß-Lothringen hergestellt aus weißen und schwarzblauen Trauben
Vin jaune .... Alkoholreicher Jurawein des Château Chalon
Vin liquoreux .... Süßer Weißwein
Vin mousseux ... Moussierender Wein, auch Schaumwein

Vin nature .... voll vergorener, ungesüßter Wein
Vin non-mousseux .... nicht schäumender Wein
Vin ordinaire Billiger Konsumwein; oft mit algerischen und/ oder italienischen Weinen verschnitten
Vin rosé Roséwein; blassroter Wein aus roten oder blauen Beeren, deren Schalen nicht mitvergoren werden; auch Verschnitt weißer und blauer (roter) Beeren, die mit den Schalen zusammen vergären
Vin rouge .... Rotwein

WUPS — der Womo-Urlaubs-Partner-Service

Regelmäßig zur Vorurlaubszeit liest man in Zeitungen und einschlägigen Zeitschriften die Suchannoncen der Wohnmobilfamilien, die sich nicht allein auf weite Tour wagen wollen:

> Portugal, 4 Wo. Jul./Aug. Wir 42/43/12 männl./Hund, mit Wohnmobil suchen Begleitfamilie/n mit Kindern 9-13 J. u. eig. Wohnmobil, Tel.....

Ob sie wohl Erfolg haben? Wir wünschen es Ihnen!

Was aber sind die Beweggründe für die „Partnersuche auf (Ferien-) Zeit"?

Sie können sich selbst die Gründe zusammensuchen, denn Sie hatten bestimmt auch schon diese Idee. Da ist die lange Fahrt mit ihren Tücken, bei der man sich bei Problemen helfen kann. Übernachtungen in einsamer Umgebung — mit einem Partner wäre einem da viel wohler.

Gemeinsame Unternehmungen machen viel mehr Spaß; den Grill wirft man abwechselnd an (und nimmt nur einen mit), Einkäufe und Wasserholen, gemeinsam oder im Wechsel, aber nur mit einem Auto; abends, da hat man den passenden Gesprächspartner und ganz wichtig: die Kinder haben Spielgefährten im passenden Alter.

Die Liste der Vorteile gemeinsamen Reisens ließe sich noch erheblich verlängern — und so waren wir auch gar nicht verwundert, dass wir geradezu mit der Nase darauf gestoßen wurden:

„WOMO-Verlag, unternehmt da mal etwas!“

Wir haben uns zusammengesetzt und beraten, entwickelt, verworfen und verbessert. Was wir ausgebrütet haben, lässt sich am einfachsten mit folgendem Sätzchen umschreiben:

Durch WUPS soll jedem Interessenten für geringsten finanziellen Aufwand eine passende Urlaubspartnerfamilie vermittelt bekommen!

Der Haupteinsendetermin ist stets der 30. April jeden Jahres. Wer bis zu diesem Datum seinen Fragebogen eingeschickt hat, bekommt 14 Tage später einen Computerausdruck zugesandt, auf dem alle Einsendungen verzeichnet sind.

Wer seinen Fragebogen später einschickt, bekommt ebenfalls den Computerausdruck zugesandt, auf dem er selbst aber nicht vertreten ist.

Es liegt nun an jedem einzelnen, den Partner aus den angegebenen Daten, ergänzenden Telefongesprächen oder Briefen zu ermitteln.

Jedem Einsender ist es selbst überlassen, wie viele der aufgeführten Daten er angeben möchte oder nicht (daher ist jeder sein eigener Datenschützer).

Wie nimmt man teil?

Fragebogen auf der letzten Seite fotokopieren oder herausschneiden, ausfüllen und im Fensterumschlag an uns einsenden. Wir wünschen Ihnen schon jetzt doppelten Spaß im gemeinsamen Womo-Urlaub.

Zeitungen

Im Sommer sind an vielen Kiosken deutschsprachige Zeitungen zu erhalten. Sie sind meist vom Tag zuvor. „Der Spiegel“ und „Stern“ sind im Zeitschriftenladen (Maison de la Presse) das ganze Jahr über erhältlich. Dazu gesellen sich, je nach Jahreszeit und Ortsgröße, noch verschiedene Blätter der Regenbogenpresse.

Ab und zu sollten Sie sich jedoch auch eine französische Tageszeitung zulegen, selbst wenn Ihre Sprachkenntnisse nur mangelhaft sind. Der größten Regionalzeitung „sud-ouest“ können Sie nämlich auf den letzten Seiten alle kleineren und größeren lokalen Festlichkeiten entnehmen. Den Ort und das Datum verstehen Sie sowieso, und ob es sich um ein Fisch-, Hummer-, Austern-, Hafen- oder Kirchenfest handelt, erkennen Sie mit Hilfe Ihres Sprachführers.

Zweitbatterie

Die Zweitbatterie ist im Womo so wichtig, wie die Starterbatterie. Schließlich wollen Sie ja auch einmal ein paar Tage an einem wunderbaren Plätzchen stehenbleiben, abends lesen, morgens die Wasserpumpe in Anspruch nehmen und mittags mittels Gebläse ein bisschen für Frischluft sorgen.

Tipps:

» *Die Ansprüche, die an Starter- und Zweitbatterie gestellt werden sind unterschiedlich. Die Starterbatterie muss kurzzeitig einen hohen Strom für den Anlasser verkraften können und wird gleich darauf wieder aufgeladen. Die Bordbatterie soll vor allem über einen langen Zeitraum die Versorgung der Verbraucher im Wohnbereich sicherstellen, auch wenn sie dabei nicht ständig nachgeladen wird. Mittlerweile sind die Batteriehersteller dieser Forderung nachgekommen und haben spezielle Freizeitbatterien entwickelt. Sie unterscheiden sich rein äußerlich von den Starterbatterien dadurch, dass der sogenannte Kälteprüfstrom (z.B. 395 A, nicht zu verwechseln mit der Kapazität in Ah) auf dem Etikett nicht angegeben ist. Meist stehen auch noch irgendwo die Bezeichnungen „Freizeit“, „Sport“ oder „Solar“.*

» *Eine große Firma bietet auch Batterien an, die mit einer Gel-Technologie arbeiten. Die Vorteile bestehen darin, dass keine Flüssigkeit in den Akkus vorhanden ist. Sie sind gasungsarm und können zur Not auch auf dem Kopf stehend betrieben werden. Sogar tiefentladene Batterien können Sie wieder aufladen. Sie haben jedoch auch einen Nachteil: Schauen Sie sich mal die Preise an.*

» *Wenn Sie sich für herkömmliche Akkus entscheiden, können Sie getrost auf das nächste Sonderangebot im Baumarkt warten. Kaufen Sie den preiswertesten Akku, der mindestens 60 Ah Kapazität hat. Schlimmstenfalls wiederholen Sie das in zwei Jahren. Wahrscheinlich kommen Sie mit dieser Methode billiger über die Runden.*

» *Ihre Zweitbatterie erfüllt ihren Zweck nicht, wenn Sie kein Trennrelais zwischen beide Akkus geschaltet haben.*

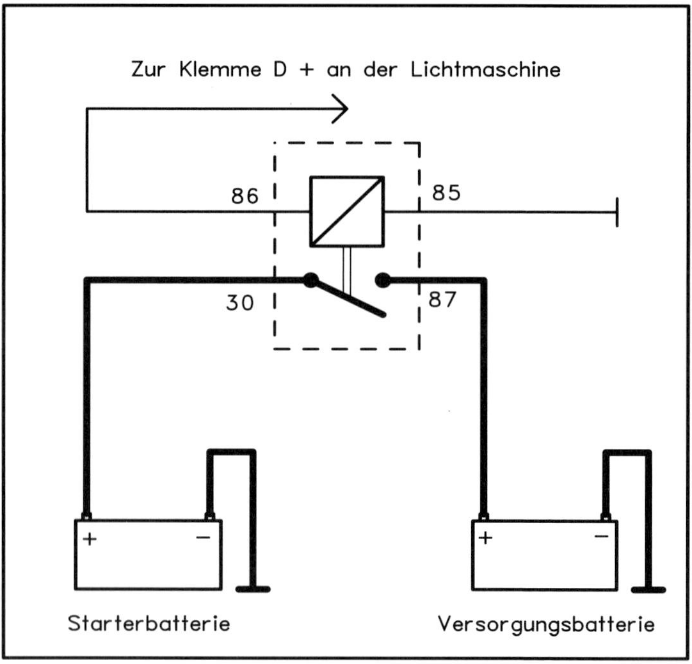

Service-Teil

Auf den folgenden Seiten habe ich viele Daten und Adressen zusammengetragen, die Ihnen als Wohnmobilfahrer die Planung der Tour erleichtern soll und auch bei Ver- und Entsorgungsproblemen helfen kann.

Die Feste, Umzüge und sonstigen lokalen Veranstaltungen sind hier nur aufgeführt, wenn sie überregionale Bedeutung haben. Wenn Sie sich dem Trubel aussetzen wollen, ist Ihnen die folgende Übersicht sicherlich dienlich. Ansonsten betrachten Sie sie als Warnung vor chaotischen Verkehrsverhältnissen.

Dann wollte ich eigentlich eine Liste der Füllstationen für deutsche Gasflaschen folgen lassen. Leider gab es keine Möglichkeit die Adresse eines Dachverbandes in FRANKREICH zu erfahren. Deshalb an dieser Stelle meine Bitte an Sie: Falls Sie nach meiner im „Allgemeinen Teil" unter dem Stichwort „Gas" gemachten Methode fündig werden, lassen Sie mir die Adresse zukommen, Sie helfen damit Ihren Womo-Kollegen.

Anschließend folgen — alphabetisch geordnet — Zufahrtsbeschreibungen und einige Details zu den Ver- und Entsorgungsstationen. Somit können Sie jederzeit die „Relais" finden, ohne lange im Reiseteil zu suchen.

Feste entlang der Route

An der gesamten Atlantikküste

Es gibt kaum ein Dorf, das nicht sein lokales Fest feiert. Meist wird es zu Ehren des Ortsheiligen ausgerichtet, beginnt mit einer Messe und nimmt im Lauf des Tages zunehmend weltlichere Formen an. Solche Veranstaltungen können Sie in der Regel nur den ausgehängten Plakaten oder einer Lokalzeitung entnehmen. Auch die Verkehrsämter können Ihnen da Tipps geben.

Tour 1

Médoc: Portes ouvertes dans les Châteaux du Médoc am 1. Aprilwochenende

Tour 2

Bordeaux: Antiquitätenmarkt im Februar
Bordeaux: Volksfest an der Place des Quinconces im März
Bordeaux: Andalusisches Festival im März
Bordeaux: Mai Musical im Mai
Bordeaux: Fête du Vin Nouveau Mitte Oktober

Tour 3

Arcachon: Fest des Meeres am 15. August
Biscarrosse: Austernfest am 2. Samstag im April
Sabres: Maibaumfeier am 1. Mai
Mimizan: Fêtes de la Mer am 1. Mai

Tour 4

Bayonne: Schinkenmarkt in der ersten Junihälfte
Bayonne: Jazzfestival Mitte Juli
Bayonne: Fêtes de Bayonne Anfang August
Anglet: Internationales Festival der Karikatur in der 1. Augusthälfte
Biarritz: Anitquitätensalon im April
Biarritz: Internationales Folklorefest in der ersten Julihälfte
Biarritz: Weltmeisterschaft im Surfen im August
Biarritz: Feennacht am 15. August
Biarritz: Fest des Meeres am 3. Sonntag im August
St-Jean-de Luz: Johannesfest Ende Juni
St-Jean-de-Luz: Thunfischfest im Juli
Sare: Schmugglerrennen am vorletzten Sonntag im August
Espelette: Pferdemarkt Ende Januar
Espelette: Pimentfest am letzten Sonntag im Oktober
Itxassou: Kirschenfest in Juni

Tour 5

Oloron-Ste-Marie: Folklorefestival der Pyrenäen in der 1. Augustwoche (in geraden Jahren)
Pau: Formel 3000 Grand Prix an Pfingsten
Pau: Theater-, Tanz- und Musikfestival im Juni/Juli
Mont-de-Marsan: Flamenco-Festival Mitte Juli

Labastide d'Armagnac: Kostümfest Ende August/Anfang September
Condom: Folklorefestival am 2. Sonntag im Mai

Tour 12

Castillon-la-Bataille: Open-Air Schlacht in historischen Gewändern Mitte Juli bis Anfang August
St-Émilion: Frühlingsfest der Bruderschaft der Winzer am 3. Sonntag im Juni
St-Émilion: Weinfest Mitte September

Feiertage

Neujahr

Ostermontag

1. Mai

8. Mai

Christi Himmelfahrt

Pfingstmontag

14. Juli

15. August

1. November

11. November

Erster Weihnachtstag

Ver- und Entsorgung

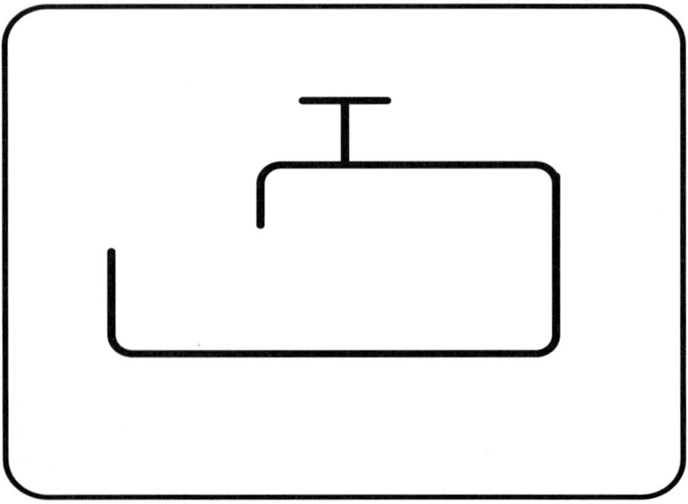

Anglet: In Bayonne nach der Überquerung des *Adour* rechts abbiegen in Richtung Anglet-Plage. Fahren Sie immer am Adour entlang weiter, bis es nicht mehr weiter geht. Am Ende einer Landzunge steht eine Ver- und Entsorgungsstation vom Typ „Flot Bleu“. Nachtparkverbot!

Barbotan-les-Thermes: Am Lac de l'Uby. Kurz vor dem Ort nach rechts ausgeschildert. 1400 Meter nach dem Camping-Platz.

Biscarrosse-Plage: Vom Ort aus folgen Sie den Schildern nach Biscarrosse-Ville. Wenn das Schild „Zone Artisanal“ auftaucht folgen Sie diesem. Sie kommen dann am Campingplatz „Plage Sud“ und einem Bauhof vorbei. Danach finden Sie die Ver- und Entsorgungsstation auf der linken Seite.

Bombannes: Von Carcans kommend Richtung Carcans-Plage am Kreisel nach dem Ort Maubuisson rechts ab Richtung Bombannes. Dann auf der linken Seite nach 1500 Metern eine gebührenfreie Ver- und Entsorgungsstation. 1 Nacht erlaubt, ebenfalls gebührenfrei.

Cancon: Ab Ortsmitte gut ausgeschildert, mit allen Möglichkeiten.

Capbreton: Zuerst Richtung „Centre Ville“, dann zum „Plage“ oder „Les Vignes“. Ab dann ausgeschildert.

CONTIS-PLAGE: Im Ort rechts, kleine weiße Schilder weisen den Weg. Ver- und Entsorgungsstation außerhalb der Saison nicht in Betrieb.

COUZE: Am Ortseingang ausgeschildert. 300 m rechts, dann gleich links. Wasser, Bodeneinläufe, Standrohr.

GASTES: Am ersten Kreisel geht's rechts ab, am See dann links. Gut ausgeschildert.

HOSSEGOR: Zwischen VIEUX-BOUCAU und HOSSEGOR auf der rechten Seite der Straße. Am vorherigen Kreisel ausgeschildert.

HOURTIN-PORT: Direkt am See ist ein Womo Platz mit Ver- und Entsorgungsstation. Vom 1.9. bis 30.6. gebührenfrei, 1.7.-31.8. 40 FF. Ver- und Entsorgung 10 FF. Jeton erhältlich im Büro der Fahrradvermietung gegenüber Minigolfplatz.

LA ROQUE-GAGEAC: Von Domme kommend ist direkt am Ortseingang links ein Parkplatz. Übernachtung 20 FF, normales Parken 7 FF.

LACANAU: Auf der Fahrt von LACANAU-OCÉAN nach LACANAU kommen Sie durch LE HUGA. Kurz vor Ende des Ortes sehen Sie ein Schild nach links mit der Aufschrift „Sanistation“.

LE BUGUE: Vom Zentrum aus den Schildern nach LIMEUIL und TRÉMOLAT folgen. Kurz nach dem Fremdenverkehrsamt rechts in Richtung „Camping La Linotte“ abbiegen. Ver- und Entsorgungsstation außerhalb des Campingplatzes. Lange enge Anfahrt.

LE HUGA: siehe LACANAU.

LE VERDON-SUR-MER: Dem Tourenverlauf folgend, fahren Sie auf der N 215 nach Norden. Wenn rechts eine Straße nach Soulac abgeht steht sehen Sie ein Schild „Womo-Platz 3700 m geradeaus“. Sie brauchen dann nur noch den Schildern zum „Plage de la Chambrette“ in LE VERDON zu folgen. Ver- und Entsorgungsstation mit ca. 20 - 30 Parkplätzen, Glascontainer und Abfallbehälter. Jetons gibt's in der Mairie, im Office de Tourisme sowie in den naheliegenden Geschäften.

LÉON: Am Kreisel Richtung „Centre Ville", dann einem kleinen Hinweisschild folgen. Am See nochmals links. Ziemlich primitiv.

MIMIZAN-PLAGE: Ab Ortsausgang MIMIZAN gut ausgeschildert. Am „Parking Hélistation Plage Sud". 2 Ver- und Entsorgungsstationen.

MONT-DE-MARSAN: In Richtung BORDEAUX fahren. Wenn die Bebauung lichter wird und Sie merken, dass der Ort bald aufhört, achten Sie auf das Schild „Aire de Rond", das nach rechts zeigt. Neben einem kleinen Weiher steht eine Euro-Relais-Station mit 2 Stellplätzen.

MONTALIVET-LES-BAINS: Am Camping Municipal Ver- und Entsorgungsstation sowie 230 V. Maximale Dauer 48 Stunden. Gebühr 20 FF Wartungsbereich, pro Nacht 45 FF.

OLORON-STE-MARIE: Folgen Sie den Schildern „Camping". Sie erreichen dann einen Campingplatz in der Nähe des Sportplatzes. Außerhalb des Platzes finden Sie einen Wasserhahn und einen Gully zum Entsorgen. Recht einfach.

ONDRES-PLAGE: Direkt am Strand ist ein großer dreigeteilter Parkplatz. Auf dem rechten Platz steht im vorderen Bereich eine Ver- und Entsorgungsstation „Flot Bleu". Übernachtungsmöglichkeit auf dem dritten Parkplatz.

PARENTIS-EN-BORN: Am Ortsschild ist schon gleich ein Hinweis zur Aire. Am 1. Kreisel Richtung „Centre ville". Ebenso an der nächsten Abzweigung. Dann Richtung „Le Lac". Wenn Sie Richtung See fahren, kommt irgendwann rechts ein Hotel. Danach geht's unmittelbar rechts ab. 30 m weiter noch mal rechts. Stellplatz im Wald mit Euro-Relais junior.

PELLEGRUE: Von St-Foy kommend unmittelbar nach dem Ortsschild rechts abbiegen. Links der Straße sehen Sie bald einen Parkplatz. Dort finden Sie einen Bodeneinlass fürs Abwasser. Frischwasser gibt's auf dem nebenanliegenden Rasen. Unter einer Metallplatte verbirgt sich ein 3/4"-Anschluss für Trinkwasser. Einen Meter davon entfernt ein Loch für den Toiletteninhalt. Das ist etwas klein geraten, Sie müssen schon zielsicher sein.

PINSAC: In Richtung SOUILLAC durch den Ort fahren. Fast am Ortsende ist links der Straße der „Salle des Fêtes". Dort sind etwa 15 Übernachtungsplätze und eine Entsorgungsstation vom Typ Flot Bleu.

PUY-L'ÉVÊQUE: Gegenüber dem Bürgermeisteramt in einer Linkskurve links abbiegen. Dann so lange den Berg hoch fahren bis rechts das Schild der Station auftaucht.

ST-CYPRIEN: Von Les Eyzies kommend am Ortseingang nach links abbiegen („Sarlat par Centre Ville"). Vor einer Tankstelle dann rechts, dann bei der zweiten Möglichkeit nochmals nach rechts. 8 Stellplätze markiert. 24 Stunden Höchstdauer. Einfache Ver- und Entsorgungsstation.

SARLAT LE-CANÉDA: Gut ausgeschildert, auf dem Weg zum Zentrum an einer Ampel nach links abbiegen. Einen kleinen Hügel hochfahren bis zum Parkplatz. Neben dem Toilettenhäuschen eine Entsorgungsmöglichkeit.

SOUILLAC: Vom Zentrum aus Richtung SARLAT fahren, dann auf die Hinweisschilder nach links achten. Neben einem Sportplatz Stellplätze für 20 Womos mit Ver- und Entsorgungsmöglichkeit. Ab Ostern offen.

VIEUX-BOUCAU: Durch den Ort durchfahren bis zum Ortsende-Schild. Danach rechts abbiegen und dann rechts auf den Parkplatz fahren. Ein Teil davon ist für Womos reserviert. Großzügige Ver- und Entsorgungsmöglichkeit.

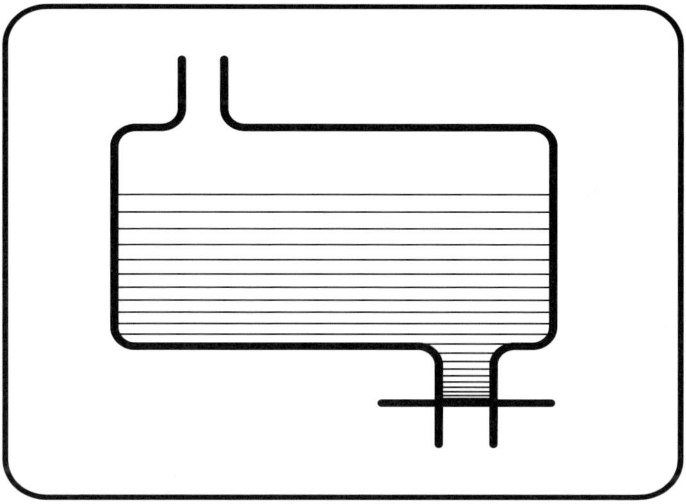

PACKLISTE

Dokumente und Wertsachen
- O Reisepässe
- O Kinderausweise
- O Führerscheine
- O Kfz-Schein
- O Schutzbrief
- O Grüne Versicherungskarte
- O Krankenscheine
- O Impfausweis
- O Impfpaß Haustier
- O Devisen
- O Bargeld
- O Euroschecks
- O Scheckkarten
- O Kreditkarten

Kleidung
- O Unterhemden
- O Unterhosen
- O Strümpfe
- O Strumpfhosen
- O Schlafanzüge
- O Hemden/Blusen
- O T-Shirts
- O Pullis
- O Hosen
- O Röcke
- O Kleider
- O Jacken
- O Mützen
- O Schuhe
- O Hausschuhe
- O Sandalen
- O Stiefel
- O Badesachen
- O Sonnenhüte
- O Regenbekleidung

Bad
- O Handtücher
- O Waschlappen
- O Seife
- O Duschgel
- O Shampoo
- O Haarbürste/Kamm
- O Zahnbürsten
- O Zahnbecher
- O Zahnpasta
- O Rasierzeug
- O Spiegel
- O Fettstift
- O Schminkutensilien
- O Maniküretui
- O Deodorant
- O Creme
- O Sonnenmilch
- O Tempos
- O Tampons

Toilette
- O Spezial-Papier
- O Toilettenchemie

Kinder
- O Kindersitze
- O Fahrradsitze
- O Spielsachen
- O Sandspielsachen
- O Malsachen
- O Kinderbücher
- O Schmusetiere

Küche
- O Spüllappen
- O Spülmittel
- O Geschirrtücher
- O Küchenrollen
- O Töpfe
- O Pfannen
- O Tassen
- O Teller
- O Besteck
- O Sieb
- O Kochlöffel
- O Schneebesen
- O Suppenlöffel
- O Tee-/Kaffeefilter
- O Tee-/Kaffeekanne

O Flaschenöffner
O Korkenzieher
O Dosenöffner
O Schere
O Streichholz
O Gewürze
O Salz
O Zucker
O Zwiebeln
O Knoblauch
O Essig
O Öl
O Tee
O Kaffee
O Kakao
O Milch
O Getränke
O Fertiggerichte
O Nudeln
O Püree
O Reis
O Würstchen
O Suppen
O Eier
O Marmelade
O Butter, Margarine
O Joghurt
O Müsli

Haushalt
O Nähzeug
O Sicherheitsnadeln
O Waschmittel
O Wäscheleine
O Wäscheklammern
O Klebeband
O Müllbeutel
O Schmutzwäschetüte

Unterhaltung
O Spiele
O Bücher
O Kassetten
O Radio
O Fotoapparat
O Filme
O Akkus

Papiere
O Straßenkarten
O Reiseführer
O Sprachführer
O Adressenliste
O Schreibzeug

Bett
O Bettücher
O Kissen
O Decken

Apotheke
O Persönliche Medikamente
O Schmerztabletten
O Durchfalltabletten
O Mittel gegen Mückenstiche
O Antiseptisches Puder
O Wundsalbe
O Heftpflaster
O Fieberzäpfchen
O Fieberthermometer
O Hustensaft
O Verhütungsmittel

Sonstiges
O Sonnenbrille
O Regenschirm
O Fernglas
O Kompass
O Rucksack
O Schlauchboot
O Luftmatratzen
O Decke zum Draufsetzen
O Badematte
O Taschenlampe
O Uhr
O Fahrräder
O Campingmöbel
O Grill
O Holzkohle
O Werkzeugkasten

Reisenotizen:

Reisenotizen:

Reisenotizen:

Reisenotizen:

Stichworte

Reisenotizen:

Absender: ☐ Familie ☐ Ehepaar ☐ Frau ☐ Herr

Datum Unterschrift

WOMO®-VERLAG

Urlaubs-Partner-Service

Wiesenweg 4-6

98634 Mittelsdorf/Rhön

☐ **Wir möchten dieses Jahr nicht allein mit dem Wohnmobil verreisen!**
Nehmen Sie folgende Daten in Ihren WUPS-Computer auf. Wir müssen nicht alle Felder ausfüllen; ohne Angabe von Tel.-Nummer **oder** Adresse ist jedoch die Kontaktaufnahme nicht möglich! Einmalige Teilnahmegebühr 13,00 €, bitte Rechnung abwarten!

Urlaubs-land:		Mögliche Reisezeit:	
Telefon-nummer:		Adresse angeben:	☐ ja ☐ nein
Eigene Alters-gruppe:	20 25 30 35 40 45 50 55 60 65 70 75	Alter mit-reisender Kinder:	Mädchen: Jungen:
Lieblings-aktivitäten:			

Senden Sie uns die Teilnehmerliste sofort: ☐ Erst am (je später, desto mehr Teilnehmer):

☐ **Wir suchen Urlaubspartner für gemeinsame Wochenendtouren!**
☐ **Wir suchen Partner für den Wohnmobil-Langzeiturlaub!**
Nehmen Sie oben stehende Daten in Ihre Dauer-Computer-Liste auf und senden Sie uns die aktuelle Liste jährlich zum o. a. Datum. Jährliche Teilnahmegebühr 13,00 € bitte Rechnung abwarten!

Wir bestellen:

- ❑ Allgemeines Wohnmobil Handbuch .... 12,90 €
- ❑ Allgemeines Wohnmobil Kochbuch .... 12,90 €
- ❑ Mit dem Wohnmobil nach Nord-Norwegen .... 12,90 €
- ❑ Mit dem Wohnmobil nach Süd-Norwegen .... 12,90 €
- ❑ Mit dem Wohnmobil nach Schweden .... 12,90 €
- ❑ Michelin-Karte Skandinavien 1 : 1,5 Mio. .... 7,10 €
- ❑ Mit dem Wohnmobil nach Irland .... 12,90 €
- ❑ Michelin-Karte Irland 1 : 400.000 .... 7,10 €
- ❑ Mit dem Wohnmobil nach Portugal .... 12,90 €
- ❑ Michelin-Karte Portugal 1 : 400.000 .... 7,10 €
- ❑ Mit dem Wohnmobil nach Nord-Spanien .... 12,90 €
- ❑ Mit dem Wohnmobil nach Ost-Spanien .... 12,90 €
- ❑ Michelin-Karte Spanien 1 : 1 Mio. .... 7,10 €
- ❑ Michelin-Karten Nord-Spanien (2) 1 : 400.000 .... 14,20 €
- ❑ Michelin-Karte Ost-Spanien 1 : 400.000 .... 7,10 €
- ❑ Mit dem Wohnmobil durch die Pyrenäen .... 12,90 €
- ❑ Mit dem Wohnmobil in die Bretagne .... 12,90 €
- ❑ Michelin-Karte Bretagne 1 : 200.000 .... 7,10 €
- ❑ Mit dem Wohnmobil an die franz Atlantikküste (Nordhälfte) . 12,90 €
- ❑ Michelin-Karte franz. Atlantikküste (Nordhälfte) 1:200 T. 7,10 €
- ❑ Mit dem Wohnmobil an die franz Atlantikküste (Südhälfte) . 12,90 €
- ❑ Michelin-Karte franz. Atlantikküste (Südhälfte) 1:200 T. .. 7,10 €
- ❑ Mit dem Wohnmobil in die Provence .... 12,90 €
- ❑ Michelin-Karte Provence 1 : 200.000 .... 7,10 €
- ❑ Mit dem Wohnmobil ins Languedoc/Roussillon .... 12,90 €
- ❑ Michelin-Karte Languedoc/Roussillon 1 : 200.000 ..... 7,10 €
- ❑ Mit dem Wohnmobil ins Elsaß .... 12,90 €
- ❑ Michelin-Karte Elsaß-Schwarzwald 1 : 200.000 .... 7,10 €
- ❑ Mit dem Wohnmobil nach Korsika .... 12,90 €
- ❑ Michelin-Karte Korsika 1 : 200.000 .... 5,10 €
- ❑ Mit dem Wohnmobil nach Sardinien .... 12,90 €
- ❑ Michelin-Karte Sardinien 1 : 400.000 .... 7,10 €
- ❑ Mit dem Wohnmobil durch Toskana & Umbrien (Westhälfte) 14,90 €
- ❑ Michelin-Karte Toskana & Umbrien 1 : 400.000 .... 7,10 €
- ❑ Mit dem Wohnmobil nach Griechenland (Nord+Mitte) .. 12,90 €
- ❑ Mit dem Wohnmobil auf die Peloponnes .... 12,90 €
- ❑ Michelin-Karte Griechenland 1 : 700.000 .... 7,10 €
- ❑ Mit dem Wohnmobil nach Thüringen .... 12,90 €
- ❑ Mit dem Wohnmobil in die Pfalz .... 12,90 €
- ❑ Mit dem Wohnmobil in den Schwarzwald .... 12,90 €
- ❑ Michelin-Karte Schwarzwald-Südpfalz 1 : 200.000 .... 7,10 €
- ❑ Mit Wohnwagen oder Wohnmobil durch Burgund .... 12,90 €
- ❑ Michelin-Karte Burgund 1 : 200.000 .... 7,10 €
- ❑ Mit Wohnwagen/Mobil durch die Normandie .... 12,90 €
- ❑ Michelin-Karte Normandie 1 : 200.000 .... 7,10 €
- ❑ Mit dem Wohnmobil nach Süd-Tirol .... 14,90 €
- ❑ Allianz-Freizeitkarte Südtirol 1 : 120.000 .... 5,10 €
- ❑ Michelin-Karte Frankreich 1 : 1 Mio. .... 7,10 €
- ❑ Michelin-Karte Österreich 1 : 400.000 .... 7,10 €
- ❑ Michelin-Karte Schweiz 1 : 400.000 .... 7,10 €

Preisänderungen vorbehalten.